Le Cordon Bleu

Técnicas Culinarias

PASTA, ARROZ Y SALSAS

Le Cordon Bleu

TÉCNICAS CULINARIAS

PASTA, ARROZ Y SALSAS

JENI WRIGHT Y ERIC TREUILLÉ

BLUME

BLUME

Título original:
Le Cordon Bleu Techniques and Recipes:
Pasta, Rice & Sauces

Traducción:
Rosa Cano Camarasa

Revisión técnica de la edición en lengua española:
Ana M.ª Pérez Martínez
Especialista en temas culinarios

Coordinación de la edición en lengua española:
Cristina Rodríguez Fischer

Primera edición en lengua española 1999

(Obra completa: Le Cordon Bleu - Guía Completa
de las Técnicas Culinarias)

© 1999 Art Blume, S. L.
Av. Mare de Déu de Lorda, 20
08034 Barcelona
Tel. 93 205 40 00 Fax 93 205 14 41
E-mail: info@blume.net
© 1996 Carroll & Brown Limited/Le Cordon Bleu BV

I.S.B.N.: 84-89396-31-0
Depósito legal: B. 26.164-1999
Impreso en Edigraf, S. A., Montmeló (Barcelona)

CONSULTE EL CATÁLOGO DE PUBLICACIONES *ON-LINE*
INTERNET: HTTP://WWW.BLUME.NET

CONTENIDO

PASTA CASERA

Aunque se venden cientos de tipos de pasta, sigue siendo una experiencia única y satisfactoria elaborarla uno mismo. A continuación explicamos las técnicas para preparar la pasta a mano y a máquina, e ideas para condimentarla. Para extenderla y cortarla, *véanse* páginas 8-9.

A MANO

Preparar pasta a mano es una técnica sencilla que solamente requiere un poco de tiempo y con la que, sin embargo, se consiguen unos resultados excelentes. El suave amasado y el calor de las manos ayudan a obtener una pasta muy elástica que se puede extender y formar con facilidad. Aquí hemos preparado 450 g de pasta al huevo —pasta all'uovo— suficiente para un primer plato para 6-8 personas, o para 4 si es el plato principal.

1 Tamice 300 g de harina de fuerza blanca sobre la superficie de trabajo. Haga con la mano un hueco en el centro. Ponga en él 3 huevos liberamente batidos, 1 cucharadita de sal y 1 cucharada de aceite de oliva.

2 Mezcle los ingredientes del hueco con las yemas de los dedos. Incorpore la harina llevándola hacia el centro.

3 Continúe incorporando la harina de los laterales y utilice una rasqueta pastelera para mezclar la masa.

4 Trabaje los ingredientes hasta que la harina absorba el huevo. La masa tiene que estar húmeda; si está pegajosa, espolvoréela con un poco más de harina.

5 Empiece a amasar la pasta cogiéndola de un extremo y estirando del otro en sentido contrario con la palma de la mano. Siga amasando hasta que esté elástica y homogénea, de 10 a 15 minutos.

6 Antes de extenderla y cortarla, déjela reposar cubierta 1 hora.

A MÁQUINA

Si tiene un robot, puede utilizarlo provisto con la cuchilla metálica para hacer la masa de la pasta. Así ahorrará tiempo y esfuerzo en la fase de mezclado, pero es muy importante que la amase a mano después de haberla mezclado. Si carga mucho la batidora, la masa no se mezclará de manera uniforme; utilice un máximo de 450 g de harina en cada tanda.

1 Ponga 300 g de harina de fuerza blanca tamizada y 1 cucharada de sal en el robot. Añada 1 cucharada de aceite de oliva y 1 huevo. Accione el aparato hasta que el huevo se haya mezclado con la harina.

2 Con el robot en funcionamiento, añada 2 huevos más, de uno en uno, por el embudo y trabájelos hasta que se forme la masa.

3 Saque la masa y amásela hasta que esté elástica y homogénea (*véase* paso 5, página anterior). Tápela y déjela reposar 1 hora antes de extenderla y cortarla.

AÑADIR AROMATIZANTES

Para que la pasta casera quede más sabrosa, se le pueden añadir diferentes aromatizantes. Sea cual sea su elección, la única regla que debe seguir es que los condimentos deben incorporarse uniformemente.

Los ingredientes secos, por ejemplo granos de pimienta machacados o hierbas secas, se han de mezclar con la harina tamizada, mientras que los húmedos o los que contienen más humedad, por ejemplo espinacas troceadas, hierbas frescas y tinta de calamar, se han de añadir con el último huevo.

A MANO

ESPINACAS
Añada 2 cucharadas de espinacas cocidas muy escurridas y finamente picadas a los ingredientes líquidos del huevo y mézclelos bien.

A MÁQUINA

TOMATE
Añada 1 cucharada de puré de tomate secado al sol o concentrado a los ingredientes secos al mismo tiempo que el aceite y el primer huevo.

HEBRAS DE AZAFRÁN

HIERBAS FRESCAS

PIMIENTA MACHACADA

CONSEJOS PARA PREPARAR PASTA

- Según el tipo de harina que utilice, tendrá que añadir un poco más de aceite para amalgamar la masa.
- Compruebe que la pared de harina esté intacta o se saldrá el huevo.
- En lugar de aceite de oliva puede condimentar la pasta con aceite de nuez o de avellana.
- Cuando añada condimentos húmedos como espinacas picadas, ponga más harina si fuese necesario, para que absorba la humedad.
- Cuando amase y para evitar que la masa se pegue a las manos, enharine éstas y la superficie de trabajo.
- No intente ahorrar tiempo al amasar si no tiene una máquina para extender la masa. Cuanto más amase, más elástica quedará la masa y más fácil será de extender.
- Cuando la masa está amasada, ha de tener una consistencia elástica. Presione la masa con el dedo; si todavía está pegajosa, añada un poco más de harina.

QUÉ QUIERE DECIR...

PAGLIA E FIENO: «paja y heno»: espinaca y huevo.

PASTA ALL'UOVO: es el tipo de pasta más típico del norte de Italia; está hecha con huevos.

PASTA NERA: pasta negra cuyo color y sabor especial proviene de la tinta del calamar.

PASTA ROSSA: generalmente es pasta de tomate con un tono anaranjado. También se puede hacer de color rojo fuerte utilizando remolacha.

PASTA VERDE: pasta hecha con espinacas, acelgas o albahaca.

TRICOLORE: «tricolor» — espinaca, tomate y huevo.

EXTENDER Y CORTAR

La pasta se puede extender formando láminas a mano, o más rápida y finamente, con una máquina especial para hacer pasta. Una vez la lámina se haya secado, la pasta se puede cortar a mano, o con los accesorios de la máquina de hacer pasta, lo que dará lugar a diferentes formas y tamaños, según la receta escogida.

EXTENDER LA PASTA A MANO

La pasta que se extiende a mano queda más gruesa que la que se extiende a máquina. Para ello, se necesita una superficie de trabajo bastante amplia, ya que cada bola de pasta se convertirá en una lámina muy grande. Para que sea más fácil manipularla, corte la masa por la mitad y aplane cada una por separado.

1 Parta la masa reposada (*véanse páginas 6-7*) por la mitad. Deje una mitad tapada y aplane la otra con un rodillo hasta conseguir una lámina fina y redonda.

2 Levante el borde más alejado de la lámina enrollado sobre el rodillo y estire la lámina como aquí. Déle un giro de 45° y repita la misma operación siete veces.

3 Cuando la lámina tenga el grosor del papel, cuélguela del mango de una escoba. Repita la misma operación con el otro trozo de masa. Déjela secar unos 15 minutos.

EXTENDER LA PASTA A MÁQUINA

Una máquina para pasta aplasta las láminas de masa hasta que quedan elásticas y homogéneas dándoles el mismo grosor. Dé la vuelta a la manivela e introduzca la masa de pasta a través de los rodillos con diferentes grosores, ajustando los grosores cada vez. Antes de empezar, enharine la pasta y los rodillos.

1 Corte la masa reposada (*véanse páginas 6-7*) en cuatro trozos. Aplánelos con las manos y forme rectángulos de aproximadamente la misma anchura que la máquina.

2 Introduzca un trozo de masa por la máquina con los rodillos ajustados al grosor máximo. Haga lo mismo con los otros trozos.

3 Doble cada rectángulo en tres partes y vuélvalo a pasar. Repita la misma operación tres o cuatro veces sin doblarlo y disminuya el grosor un poco cada vez. Deje secar como en el paso 3 (superior).

CORTAR LA PASTA A MANO

Las láminas de pasta extendidas manualmente se han de cortar también a mano. Tras secar las láminas unos 15 minutos, éstas han de parecerse al cuero, pero ser lo bastante flexibles para cortarlas sin que se peguen. Si la pasta está demasiado seca, es demasiado frágil y difícil de cortar. Antes de empezar a cortarla en formas, las láminas se pueden cortar en trozos más pequeños para que sean más fáciles de manejar. Utilice un cuchillo de cocinero e intente no arrastrarla al cortarla.

1 Coja una lámina de pasta seca y forme con ella un cilindro suelto pero uniforme. Pase el cilindro a una tabla.

2 Córtelo transversalmente en tiras de unos 10 mm de ancho. Desenrolle las tiras y séquelas como en el paso 3 de abajo, o en grupos (*véase* tallarines, derecha).

SECAR LA PASTA

La pasta fresca de huevo ha de estar totalmente seca antes de guardarla. Espolvoréela con un poco de harina y colóquela en un recipiente herméticamente cerrado en la nevera durante 2 días.

TALLARINES

Coja unas tiras de tallarines y enróllelos para hacer ovillos. Póngalos uno al lado del otro en un plato enharinado. Déjelos secar de 1 a 2 horas.

LASAÑA

Ponga los rectángulos de lasaña uno al lado del otro sobre un lienzo enharinado. Tápelos con otro lienzo enharinado. Déjelos secar 1 a 2 horas.

CORTAR LA PASTA A MÁQUINA

La gran ventaja de la máquina para la pasta es que corta tallarines planos (tagliatelle) de forma limpia, uniforme y rápida. Ajustando los rodillos, se cortan los tallarines con diferentes anchuras. Para que no se peguen, ponga un poco de harina en la masa y los rodillos.

1 Corte la lámina de pasta en trozos de 30 cm de longitud a medida que pasa a través de los rodillos ajustados en el grosor más fino. Ponga las láminas sobre un lienzo enharinado hasta que haya extendido toda la masa.

2 Introduzca una a una las láminas para cortarlas a la anchura deseada.

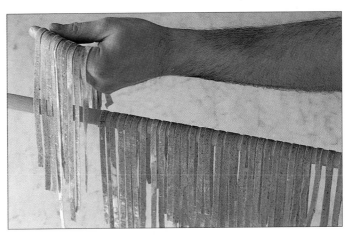

3 Cuelgue la pasta cortada sobre el palo enharinado de una escoba, sobre el respaldo de una silla o extendida sobre lienzos enharinados. Déjela secar 1-2 horas.

PREPARAR PASTA FRESCA RELLENA

La masa que se utiliza para hacer pasta rellena no ha de estar muy seca, sólo lo suficientemente húmeda para poder darle forma con facilidad y cerrarla bien. Se pueden obtener diversas formas, desde cuadrados hasta medias lunas. Los rellenos también varían, pero la mayoría llevan queso y huevo para ligar el relleno. La pasta rellena se suele cocer en agua o caldo, u hornear con una salsa.

PREPARAR RAVIOLES

Los ravioles se pueden preparar poniendo el relleno entre dos láminas de pasta (véase receta, página 16) o doblando una lámina por la mitad, como aquí. También puede utilizar un molde especial (véase recuadro, izquierda). Cubra la pasta que no utilice con un lienzo húmedo para que se mantenga húmeda. No la rellene en exceso. La técnica que aquí mostramos utiliza masa extendida a mano (véase Extender la pasta a mano, página 8).

EQUIPO PARA HACER RAVIOLES

La mayoría de tiendas especializadas en utensilios de cocina dispone de aparatos fabricados especialmente para preparar ravioles. Asegúrese de que la pasta no está muy seca y, para evitar que se pegue, enharine los utensilios antes de utilizarlos.

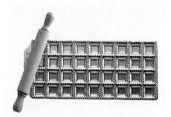

Los moldes de ravioles, que se fabrican en varios tamaños, son ideales para preparar ravioles idénticos. La bandeja metálica tiene una serie de pequeñas hendiduras con rebordes —generalmente unos 40. Los moldes se suelen vender con un pequeño rodillo de madera que se utiliza para aplanar la masa en el molde y para sellar los ravioles. Utilice este molde una vez que haya cortado la masa al tamaño preciso (*véase paso 1, derecha*).

Los cortadores de ravioles tienen un mango de madera con cortadores de metal. Se encuentran en varios tamaños y cortan los ravioles de uno en uno (*véase página 16*).

1 Recorte un rectángulo de 25 × 50 cm a partir de una lámina de pasta. Utilice los trozos sobrantes para hacer tallarines (*véase* página 9).

2 Ponga 16 cucharaditas de relleno redondeado (*véase* recuadro, página siguiente) sobre la mitad de la lámina separándolas uniformemente.

3 Pincele un borde alrededor de cada montículo con un poco de agua. De esta manera la pasta quedará pegada.

4 Doble la parte vacía de la lámina de pasta sobre el relleno. Presione entre los montoncitos del relleno con el borde de la mano para sellar ambas capas de pasta y eliminar el aire.

5 Espolvoree con harina un cortapastas metálico de espuela. Corte los bordes externos para pulirlos y después entre los montoncitos de relleno para obtener los ravioles.

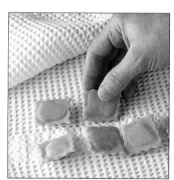

6 Ponga los ravioles entre dos lienzos enharinados. Déjelos secar aproximadamente 1 hora y déles la vuelta a la media hora. Mientras tanto prepare otra tanda de ravioles con la segunda lámina de pasta y más relleno.

PREPARAR TORTELLINI

Los tortellini, una especialidad de Bolonia, tienen supuestamente la forma del ombligo de Venus. Hace falta tiempo y práctica para darles forma, pero se pueden hacer un día antes y guardarlos en la nevera.

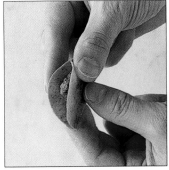

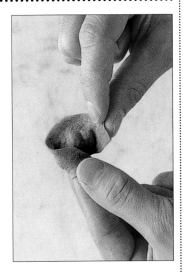

1 Prepare y extienda la masa para la pasta (*véanse* páginas 6-8). Corte círculos de la lámina de pasta con un cortador de ravioles de 7,5 cm o un cortapastas enharinado. Cubra los redondeles para que no se sequen. Ponga una cucharada de relleno (*véase* recuadro, derecha) en el centro de cada uno.

2 Con un pincelito, humedezca los bordes con agua. Coja el redondel en la mano y dóblelo por la mitad, presionando con cuidado los bordes de la pasta para que queden bien unidos y formen una media luna cerrada alrededor del relleno.

3 Envuelva la media luna alrededor del dedo índice, llevando al mismo tiempo hacia arriba el borde sellado. Una las dos puntas. Ponga los tortellini preparados entre dos lienzos enharinados mientras acaba de hacerlos. Déjelos secar aproximadamente 1 hora.

RELLENO DE POLLO Y SALVIA

125 g de pechuga de pollo deshuesada
1 cebolla pequeña
2 dientes de ajo
hojas de un ramito de perejil plano y de salvia
sal y pimienta recién molida
1 huevo ligeramente batido

Corte el pollo en trocitos pequeños. Pele la cebolla y el ajo; corte la cebolla a cuartos. Ponga la cuchilla metálica en el robot y píquelos un poco, añada los ingredientes restantes y continúe accionando hasta que estén finamente picados. Páselos a un cuenco, tápelo y póngalo en la nevera. Se obtienen unos 150 g de relleno, suficiente para 32 ravioles o tortellini o para 4 canelones.

PREPARAR CANELONES

En el mercado se encuentran tubos de canelones ya preparados, pero esta receta sigue la tradición napolitana en la que se hierven láminas de pasta que después se enrollan en torno a un relleno.

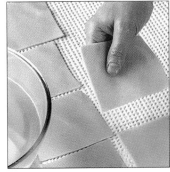

1 Prepare y extienda la pasta (*véanse* páginas 6-9) y corte las láminas de pasta en rectángulos de 10 × 7,5 cm. Hierva agua en una cacerola grande y llene la mitad de un cuenco grande con agua fría. Añada 1 cucharada de aceite y 1 cucharadita de sal en el agua hirviendo y agregue unos pocos trozos de pasta. Cuézalos hasta que empiecen a ablandarse, aproximadamente 1 minuto.

2 Con una espátula, saque la pasta con cuidado y sumérjala inmediatamente en el agua fría. Cuando se haya enfriado lo suficiente para manipularla, sáquela del agua fría y póngala sobre un lienzo para que se escurra. Repita la misma operación con el resto de los trozos de pasta.

3 Con una manga pastelera provista de una boquilla ancha y lisa, ponga una línea de relleno (*véase* recuadro, superior) en cada rectángulo. También se puede hacer con una cuchara. Enrolle la pasta alrededor del relleno y forme un cilindro lo más uniforme posible. Ponga los canelones con la juntura hacia abajo en una fuente refractaria engrasada con mantequilla y cúbralos con la salsa de su elección. La salsa de tomate fresco es clásica con los canelones, así como la bechamel (*véase* página 38). Espolvoréelos con queso parmesano rallado y gratínelos a 200 °C de 20 a 30 minutos.

PREPARAR ÑOQUIS

Los ñoquis, unas pequeñas bolas de masa, se pueden preparar con diferentes ingredientes. Los dos tipos más comunes son *alla romana* hechos con sémola y la versión más consistente que utiliza patata. Ambos constituyen un reto, pues deben tener una textura ligera pero ser lo suficientemente firmes para darles forma y que no se rompan al cocerlos.

ÑOQUIS DE SÉMOLA

La sémola se va añadiendo sin parar, removiéndola continuamente para incorporar aire y que no se formen grumos. Si lo desea, puede aromatizar primero la leche. Llévela a ebullición con cebolla, clavos y hojas de laurel, cúbrala y déjela reposar 1 hora. Cuele la leche antes de utilizarla.

1 Ponga a hervir 1 litro de leche en una cacerola grande. Baje el fuego y vierta poco a poco 175 g de sémola sin parar, removiéndola continuamente con una cuchara de madera para que no se formen grumos.

2 Lleve la mezcla de la sémola a ebullición y cuézala removiendo constantemente, hasta que esté espesa y sin grumos, unos 5 minutos.

3 Bata 3 yemas de huevo. Retire el recipiente del fuego y, poco a poco, añada los huevos a la sémola.

4 Extienda la mezcla en una fuente enmantecada. Restriegue la superficie con mantequilla, para evitar que se forme una corteza. Déjela enfriar toda la noche.

5 Aceite ligeramente un cortapastas liso y corte la mezcla en redondeles o utilice un cuchillo de cocinero para cortar las formas de su elección (*véase* izquierda). Ponga los ñoquis superpuestos en una fuente refractaria engrasada, pincélelos con un poco de mantequilla derretida y espolvoréelos con parmesano rallado. Gratínelos a 230 ºC de 15 a 20 minutos o hasta que estén dorados. Sírvalos calientes.

ROMBO

ESTRELLA

FLOR

TRIÁNGULO

ÑOQUIS DE PATATA

No es fácil preparar ñoquis de patata, según los italianos hay que «sentir» la consistencia adecuada de la masa más que medir las cantidades exactas de los ingredientes. La clase de patata es muy importante: las variedades harinosas necesitan que se les añada huevo y harina para que sean más jugosas; las céreas, como esta Desirée, sólo necesitan harina. Ponga la mínima cantidad posible de harina, justo la suficiente para que la patata tenga consistencia; si pone demasiada, los ñoquis quedan demasiado pesados. Cueza las patatas con su piel para reducir la cantidad de humedad que absorben.

QUÉ QUIERE DECIR...

Los ñoquis tienen diferentes rellenos y nombres según su procedencia.

- *Canederli*, del Trentino, son ñoquis grandes que contienen en su interior una ciruela pasa.
- *Gnocchi di riso*, una especialidad de Reggio Emilia, están hechos con arroz cocido mezclado con huevos y pan rallado.
- *Gnocchi di zucca*, de Lombardía, preparados con calabaza cocida.
- *Gnocchi verdi*, de Emilia-Romagna, preparados con espinacas, *ricotta*, parmesano y huevos añadidos a la patata.

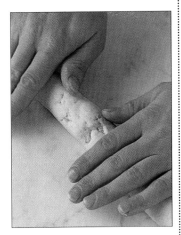

1 Cueza 650 g de patatas con su piel en agua salada hirviendo durante 20 minutos o hasta que se ablanden. Escúrralas y déjelas reposar hasta que estén lo bastante frías para manipularlas, pero todavía templadas, y pélelas.

2 Aplaste las patatas en un cuenco grande, añada 175 g de harina, sal y pimienta recién molida al gusto. Mézclelas con una espátula hasta obtener una masa.

3 Ponga la masa sobre la superficie de trabajo y amásela con las manos hasta que esté lisa. Pártala por la mitad. Haga con cada trozo un cilindro de unos 2 cm de diámetro.

TRUCOS DE COCINERO

ENTALLAR CON UN TENEDOR

Esta técnica, que consiste en practicar unas hendiduras en los ñoquis, no es sólo decorativa, sino que también ayuda a comprimir la preparación para que conserve su forma, y las hendiduras ayudan a que la salsa se adhiera a los ñoquis.

4 Corte los trozos de masa transversalmente en trozos pequeños. Déles forma ovalada pasándolos por los dedos. Si la masa está demasiado húmeda y pegajosa, póngase un poco de harina en los dedos, pero no demasiada porque los ñoquis pueden quedar muy pesados. Si lo desea, entalle los ñoquis con un tenedor (*véase* recuadro, derecha).

5 Sumerja unos cuantos ñoquis en una cacerola de agua hirviendo sin salar y cuézalos hasta que suban a la superficie, de 1 a 3 minutos. Cuézalos 20 segundos más y sáquelos con una espumadera. Sírvalos calientes con mantequilla derretida y queso parmesano.

Coja un ñoqui y presione contra los dientes de un tenedor grande, luego déjelo caer sobre la tabla. Repita la misma operación con el resto de los ñoquis.

COCER LA PASTA

Es importante saber cómo se debe cocer la pasta: si está poco cocida parece chicle y sabe a crudo y si está muy cocida queda demasiado blanda. Para que quede perfecta, pruébela a menudo al finalizar el tiempo de cocción.

EQUIPO PARA PASTA

Merece la pena comprar una olla especial para pasta si se preparan grandes cantidades; además, se puede utilizar para otras preparaciones como mermeladas y conservas. Este recipiente de acero inoxidable está compuesto por una olla interna perforada que se ajusta dentro de otra sólida. Cuando la pasta está cocida, se levanta la olla interna agujereada, que contiene la pasta, y se deja escurrir de manera que el agua caiga en la olla exterior. La pasta se puede pasar fácilmente y sin problemas a una fuente de servicio.

Una forma sencilla de coger espaguetis o tallarines del agua hirviendo consiste en utilizar unas tenazas metálicas. Con éstas se coge la pasta sin cortarla, por lo que son adecuadas para coger una o dos tiras y comprobar si la pasta está cocida.

COCER PASTA CORTA

Utilice una cacerola grande para que la pasta se pueda mover bien en el agua hirviendo. Como guía aproximada, ponga 5 l de agua y 1 cucharada de sal por cada 450 g de pasta. Un poco de aceite en el agua evita que la pasta se pegue durante la cocción.

1 Ponga una cacerola grande de agua a hervir. Sale y vierta 1 cucharada de aceite.

2 Añada toda la pasta, vuelva a llevar el agua a ebullición y empiece a contar el tiempo de cocción (*véase* página siguiente).

3 Cueza la pasta, sin tapar, a fuego vivo hasta que esté *al dente* (*véase* recuadro, página siguiente), y remuévala.

4 Escúrrala en un colador, moviéndolo con fuerza para que la pasta suelte toda el agua. Póngala de nuevo en la cacerola y caliéntela con un poquito de mantequilla o 1-2 cucharadas de aceite de oliva. O póngala en una fuente de servicio caliente y añádale la salsa.

Hilera izquierda, de superior a inferior: espaguetis integrales, espaguetis normales, lasaña. **Hilera central, superior a inferior:** conchitas, daditos, orejitas. **Hilera derecha, superior a inferior:** macarrones integrales, macarrones rayados, canelones.

COCER PASTA LARGA

La técnica para cocer pasta larga seca como los espaguetis, los linguini y los tallarines (a no ser que se haya enrollado en nidos antes de secarla) consiste en introducirla con cuidado en el agua. Cuando la pasta se sumerge en el agua hirviendo se ablanda y se puede doblar, de esta manera se va introduciendo en la olla sin que se rompa. La olla especial italiana para cocer pasta (véase recuadro, página anterior) es perfecta para cocer pasta larga. Calcule el tiempo de cocción a partir del momento en que el agua vuelva a hervir, una vez haya introducido la pasta.

1 Ponga una olla grande con agua a hervir. Añada la misma cantidad de sal y aceite que para la pasta corta; coja un puñado de pasta y sumerja un extremo en el agua. A medida que la pasta se ablande, vaya metiéndola. Cuézala al dente (véase derecha).

2 Escurra bien la pasta. Enjuague la olla, póngala otra vez al fuego con un poquito de mantequilla o 1-2 cucharadas de aceite de oliva. Ponga la pasta cocida en la olla y remuévala a fuego vivo hasta que la pasta brille.

COCER LA PASTA ORIENTAL

La mayoría de pasta china y japonesa se ha de cocer antes de saltear. Las excepciones son los fideos de arroz y de celofán, que sólo deben remojarse (véase página 18). Cueza los fideos en agua salada hirviendo hasta que estén blandos, escúrralos y enjuáguelos con agua fría para parar la cocción. Vuelva a escurrirlos para que no quede nada de agua. Ya están listos para saltearlos con los condimentos escogidos.

Ponga un *wok* sobre el fuego hasta que esté bien caliente pero no humeante. Añada 1-2 cucharadas de aceite vegetal y caliéntelo. Agregue los fideos y los condimentos y fría removiendo de 2 a 3 minutos, hasta que estén bien cubiertos y brillantes por el aceite y bien calientes.

TIEMPOS DE COCCIÓN

Calcule los tiempos de cocción de todos los tipos de pasta contando a partir del momento en que el agua vuelve a hervir una vez se ha introducido la pasta, probándola siempre antes de escurrirla (véase recuadro, inferior). Si la pasta se ha de continuar cociendo (por ejemplo, la lasaña al horno), reduzca ligeramente el tiempo de cocción.

- PASTA FRESCA
  1-3 minutos

- PASTA FRESCA RELLENA
  3-7 minutos

- PASTA SECA CORTA
  10-12 minutos

- PASTA SECA LARGA
  8-15 minutos

CÓMO SABER SI LA PASTA ESTÁ COCIDA

Tanto si se hierve como si se hornea, la pasta ha de cocerse hasta que esté al dente, como dicen los italianos y que significa que debe estar firme al paladar. Si está muy cocida, queda demasiado blanda.

Antes de finalizar el tiempo de cocción recomendado, coja con unas pinzas un trocito de pasta y pruébela. Cuando está perfectamente cocida, la pasta ha de estar blanda, nunca cruda, pero se ha de notar firme al morderla. Si la pasta está cocida, retírela del fuego y escúrrala inmediatamente. Si no es así, pruébela cada 30-60 segundos hasta que esté hecha.

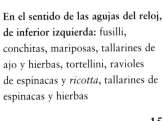

En el sentido de las agujas del reloj, de inferior izquierda: fusilli, conchitas, mariposas, tallarines de ajo y hierbas, tortellini, ravioles de espinacas y *ricotta*, tallarines de espinacas y hierbas

Ravioles d'escargots au beurre d'herbes

Los tiernos y sabrosos caracoles se vuelven a poner muchas veces dentro de su cáscara con una mantequilla de ajo y hierbas; después se hornean o asan bajo el grill. Aquí, en lugar de ello, se han utilizado para rellenar unos ravioles condimentados con pastís y servidos en una salsa caliente de hierbas, mantequilla y escalonias.

PARA 4 PERSONAS COMO PRIMER PLATO

PARA LA MASA DE LA PASTA

400 g de harina blanca de fuerza

1 cucharadita de sal

4 huevos

1 cucharada de aceite de oliva

PARA EL RELLENO

4 cucharadas de aceite de oliva

40 g de escalonias picadas

50 ml de pastís, Pernod o Ricard

12 caracoles de lata bien escurridos

PARA LA SALSA DE MANTEQUILLA Y HIERBAS

80 g de escalonias finamente picadas

200 ml de vino blanco seco

2 cucharadas de vinagre de vino blanco

400 g de mantequilla cortada en trozos pequeños

1 manojo de albahaca fresca cortada a tiras

1 manojo de cebollinos frescos cortados a tiras

2 cucharadas de perejil picado

Sal y pimienta recién molida

PARA DECORAR

Zanahoria y calabacín en juliana blanqueados

Prepare la masa de la pasta; ponga la harina y la sal en el robot. Casque los huevos en un cuenco y bátalos ligeramente con el aceite de oliva. Con el aparato en marcha, añada gradualmente a la harina los huevos y el aceite a través del tubo para obtener una masa ligeramente húmeda y desmigajada. Saque la masa, amásela y estírela con la palma de la mano (*véase* paso 5, página 6) hasta que esté lisa y elástica. Déjela reposar a temperatura ambiente cubierta con un cuenco invertido, por ejemplo, durante 1 hora aproximadamente.

Prepare el relleno: caliente el aceite en un cazo pequeño y sofría las escalonias. Añada el pastís, remueva bien y lleve a ebullición. Retire el recipiente del fuego, añada los caracoles y deje enfriar.

Corte la masa en dos trozos iguales. Si tiene una máquina para la pasta, aplane cada trozo y déjelo lo más fino posible hasta formar un rectángulo de 15 × 50 cm.

Ponga una lámina sobre una mesa y córtela por la mitad. Espacie uniformemente seis cucharadas de la mezcla de caracoles en una mitad, con un caracol en cada cucharada.

Pincele la pasta con agua alrededor de los montoncillos de relleno. Extienda la segunda mitad de la pasta por encima y recórtela en redondeles estriados (*véase* recuadro, inferior). Repita la operación con el resto de la masa y caracoles. Cubra los ravioles y resérvelos.

Ponga una olla grande con agua a hervir. Mientras tanto, prepare la salsa con las escalonias, el vino y el vinagre en un cazo y redúzcala hasta que casi todo el líquido se haya evaporado. Añada la mantequilla batiéndola, incorporando unos trozos cada vez hasta formar una salsa emulsionada. Ponga las hierbas y salpiméntela. Manténgala caliente.

Añada 1 cucharada de sal y un poco de aceite al agua hirviendo y después agregue los ravioles. Cuézalos 3-4 minutos o hasta que estén *al dente*. Sáquelos con una espumadera y escúrralos en un colador.

Ponga 3 ravioles en cada uno de los cuatro platos calientes y con una cuchara cúbralos con la salsa de mantequilla y hierbas. Decórelos con una juliana de zanahoria y calabacín y sírvalos inmediatamente.

Cortar los ravioles

El utensilio habitual para cortar estas formas de pasta rellena es el cortador de ravioles o sello (véase página 10), pero también puede utilizar un cortapastas liso o dentado.

Con los dedos, presione con fuerza alrededor de cada montículo para eliminar las bolsas de aire que pudiese haber.

Corte los ravioles con el cortador, siempre con el relleno en el centro.

PASTA ORIENTAL

Los espaguetis preparados con una pasta de agua y harina son comunes en muchas cocinas de todo el mundo. Los países asiáticos tienen una tradición de pasta incluso más antigua que la de los italianos. En la elaboración de la pasta oriental, el tipo de harina que se utiliza puede variar, así como la forma y el tamaño, pero las técnicas de elaboración y utilización difieren muy poco de los métodos europeos.

PASTA ORIENTAL

La pasta oriental, elaborada con diferentes tipos de harina, es de diversas formas, colores y tamaños.

FIDEOS DE ARROZ: están hechos con harina de arroz y cortados en tiras gruesas o finas. Se venden secos y sólo hay que remojarlos antes de comerlos, pero también se pueden freír por inmersión.

FIDEOS DE CELOFÁN: estos fideos translúcidos y muy finos están hechos con harina de mungo molida. Si se compran secos, sólo hay que remojarlos antes de servirlos. También se pueden freír secos.

FIDEOS SOBA: estos fideos japoneses cortados con los linguini están hechos con harina de trigo sarraceno. Se venden frescos y secos y se suelen utilizar principalmente en sopas.

PASTA PARA LOS ROLLITOS DE PRIMAVERA: cuadrados de masa muy fina elaborada con harina de trigo y agua. Se rompen con facilidad, por lo tanto, hay que manipularlos con cuidado. Se venden frescos y congelados.

PASTA PARA WONTON: se vende en cuadrados de 7,5 cm de harina de trigo y huevo. Se encuentran frescos y congelados.

TALLARINES DE HUEVO: están hechos con harina de trigo y huevo. Se venden frescos y secos y con diferentes grosores. Se pueden hervir, hervir y saltear o añadir a las sopas.

VARILLAS DE ARROZ: están hechas con harina de arroz y cortadas como los tallarines. Se venden frescas y secas y sólo hay que remojarlas antes de servirlas, generalmente en sopas y ensaladas.

REMOJAR FIDEOS SECOS

Algunas variedades delicadas de fideos orientales, como los fideos de arroz blancos de la fotografía y los translúcidos de celofán, sólo se han de ablandar en agua caliente si se van a utilizar en salteados y ensaladas. No se han de cocer más.

Ponga los fideos en una fuente grande y cúbralos con agua caliente. Déjelos en remojo hasta que estén blandos y flexibles, 5-10 minutos (cuanto más finos sean menos tiempo de remojo necesitan). Escúrralos bien con un colador y utilícelos según la receta escogida.

PREPARAR BOLSITAS

La pasta de wonton *fresca (véase recuadro, izquierda) se puede utilizar para envolver deliciosos rellenos y preparar los aperitivos chinos denominados* dim sum. *Utilice el mismo relleno que para las empanadillas chinas de la página siguiente.*

1 Ponga 1 cucharada de relleno en el centro de cada *wonton*. Pincele con agua los extremos de la pasta. Envuelva la pasta alrededor del relleno y forme una bolsita.

2 Ponga unas cuantas hojas oscuras de col china en una cesta de bambú para cocer al vapor y colóquela en un *wok* con 1 litro de agua; llévela a ebullición. Ponga las bolsitas bien separadas sobre las hojas, tape la cesta y cuézalas al vapor hasta que estén blandas, unos 15 minutos.

PREPARAR EMPANADILLAS CHINAS

Las pequeñas empanadillas chinas se fríen por un lado y después se cuecen al vapor hasta que están blandas. Para las técnicas que mostramos aquí, se utiliza una masa muy fácil de manipular. Sirva las empanadillas calientes, con la parte frita hacia arriba, acompañadas con salsa de soja y aceite picante de chile para remojarlas. No las parta por la mitad; cómalas enteras: es así como conservan todos sus jugos.

1 Ponga la masa sobre la superficie de trabajo ligeramente enharinada. Para amasarla, sujete un extremo y estire el otro en sentido contrario con la base de la mano. Continúe amasando, recogiendo la masa de la superficie, déle la vuelta y estírela otra vez. Deje de amasar cuando la masa esté lisa y elástica, al cabo de unos 5 minutos. Déjela reposar unos 20 minutos en un cuenco tapado con un lienzo húmedo.

2 Enrolle la masa en un cilindro de unos 2,5 cm de diámetro. Córtelo en trozos iguales con un cuchillo o macheta. Con las manos, haga de cada trozo una bola y aplánela con un rodillo hasta formar un círculo de 10 cm de diámetro.

EMPANADILLAS CHINAS

350 g de harina

3 cebollas tiernas finamente picadas

1,5 cm de rizoma de jengibre pelado y picado

450 g de gambas crudas peladas y finamente picadas

2 cucharaditas de maicena

4 cucharaditas de salsa de soja

4 cucharaditas de vino de arroz o de jerez seco

1 cucharada de aceite vegetal de freír

Mezcle lentamente 150 ml de agua hirviendo con la harina para obtener una masa húmeda, pero no pegajosa; si es necesario, añada más harina. Tápela y déjela reposar 1 hora. Amásela, tápela y déjela reposar 20 minutos. Mezcle el resto de los ingredientes para el relleno. Aplane la masa en 16 círculos y forme las empanadillas rellenas. Fríalas en aceite en un *wok*, vierta 125 ml de agua fría, tape y cueza al vapor durante 10 minutos. Para 16 empanadillas.

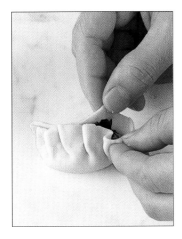

3 Ponga 1 cucharada del relleno de gambas y hortalizas en el centro de cada círculo. Pincele con un poco de agua los bordes. Haga 4 o 5 pliegues en un lado del círculo y junte ambos lados sobre el relleno apretándolos para cerrarlos. Caliente un *wok*. Ponga 1 cucharada de aceite vegetal y caliéntelo.

4 Con cuidado, ponga las empanadillas sobre la parte plana en el aceite caliente. Fríalas a fuego moderado hasta que estén doradas por debajo, unos 2 minutos. Baje el fuego, vierta 125 ml de agua fría en el centro del *wok* y tápelo herméticamente con la tapa. Cueza las empanadillas al vapor unos 10 minutos, o hasta que se noten blandas al pincharlas. Si fuese necesario, añada más agua.

TRUCOS DE COCINERO

UTILIZAR UNA PRENSADORA PARA EMPANADILLAS

Las pequeñas prensadoras de plástico para empanadillas se pueden encontrar en tiendas de utensilios de cocina. Una vez preparada la pasta y el relleno, resulta fácil dar forma a la empanadilla.

Abra la prensadora y pincele con aceite el borde acanalado. Haga la masa y extiéndala en círculos de 10 cm de diámetro (*véase superior*).

Ponga un círculo en la prensadora, coloque una cucharada de relleno en el centro y pincele con un poco de agua los bordes de la masa.

Cierre la prensadora y apriete bien los mangos para que la masa quede sellada alrededor del relleno. Abra la prensadora y saque la empanadilla.

Continúe con el resto de la masa y el relleno y aceite el borde de la prensadora. Fría y cueza al vapor las bolitas en un *wok*, como en el paso 4.

ROLLOS DE PRIMAVERA

Los rollos de primavera, crujientes, dorados y rellenos con una sabrosa mezcla de ingredientes aromáticos, son la quintaesencia de la cocina oriental. La pasta fina como el papel se vende en supermercados orientales, fresca y congelada. La que no se utiliza se ha de guardar en su envoltorio y congelar.

ROLLOS DE PRIMAVERA

1 chile rojo sin semillas
2 zanahorias pequeñas
1 pimiento rojo, sin semillas ni membranas
1 manojo de cebollas tiernas
aceite vegetal para freír
175 g de tofu
3 cucharadas de cilantro fresco picado
unas gotas de salsa de soja y vino de arroz chino
8 láminas para rollos de primavera

Pique el chile; corte en juliana las zanahorias, el pimiento rojo y las cebollas tiernas. Caliente 1 cucharada de aceite en un wok, añada las hortalizas y saltéelas 1-2 minutos. Páselas a un cuenco y déjelas enfriar. Corte el tofu en trozos de 2 cm y añádalo al cuenco junto con el cilantro, la salsa de soja y el vino de arroz; remuévalo todo bien. Enrolle el relleno con la pasta; fría unos cuantos rollos cada vez en aceite a 180 °C hasta que estén dorados, unos 4 minutos. Estas cantidades son para 8 rollos.

OTROS RELLENOS PARA LOS ROLLOS DE PRIMAVERA

• Carne de cangrejo blanca desmenuzada, ralladura de limón y su zumo, salsa de soja, ajo machacado, cebollas tiernas y jengibre fresco.
• Carne de cerdo picada, cilantro fresco picado, brotes de soja, pimiento verde cortado en tiras, vino de arroz y aceite de sésamo.
• Gambas picadas, tirabeques en tiras, jengibre fresco rallado, ajo machacado y salsa de soja.

PREPARAR ROLLOS DE PRIMAVERA

La pasta de los rollos de primavera es muy frágil y se ha de manipular con cuidado. Para que no se seque, tápela con un lienzo húmedo mientras hace los rollos.

  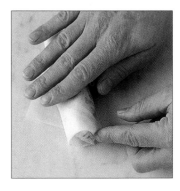

1 Ponga la pasta sobre la superficie de trabajo y colóquela como un rombo, con una de las puntas hacia usted. Ponga el relleno en el centro.

2 Lleve la punta más cercana a usted hacia el centro, después la punta izquierda y por último la derecha. Presione suavemente.

3 Enrolle el paquete en dirección opuesta a usted para envolver totalmente el relleno. Selle los bordes con un poco de clara de huevo. Déjelo reposar con el extremo puntiagudo hacia abajo.

ROLLITOS DE PRIMAVERA

Estos rollitos se preparan cortando una lámina de pasta en cuatro cuadrados pequeños. Puede utilizar el mismo relleno que el del apartado anterior o una de las sugerencias del recuadro de la izquierda.

1 Enrolle la pasta como en el paso 1 del apartado anterior; asegúrese de que los ingredientes del relleno están cortados en tiras muy finas y ponga poco relleno para que el rollito no se abra.

2 Ponga unos cuantos rollitos en la cesta de la freidora y bájela con suavidad en el aceite a 180 °C. Fríalos hasta que estén dorados y crujientes, de 2 a 3 minutos.

3 Saque la cesta de la freidora y muévala para que caiga el aceite. Escurra los rollitos sobre papel de cocina. Escúrralos bien antes de servirlos.

PREPARAR PAN

Hacer una barra de pan levado es una de las tareas que más recompensa. Si quiere conseguir siempre un pan perfecto, siga las técnicas que aquí presentamos empleando la receta básica para una barra de pan blanco (*véase* recuadro, página siguiente).

PREPARAR LA LEVADURA

Puede utilizar levadura fresca y levadura seca. Como guía, 15 g de levadura fresca equivalen a 1 cucharada de gránulos de levadura seca. Las dos suben a la temperatura máxima de 30 ºC; si es más alta, la levadura se estropea. La levadura fácil de mezclar se trata de forma diferente.

FRESCA
Aplástela en un cuenco con un poco de la cantidad de agua caliente que se indica en la receta. Tápela y déjela reposar hasta que empiecen a aparecer burbujas en la superficie.

SECA
Espolvoree los gránulos sobre una pequeña parte de la cantidad de agua caliente indicada en la receta, agregue ½ cucharadita de azúcar y remuévala. Déjela reposar hasta que esté espumosa.

FÁCIL DE MEZCLAR
Añada la levadura directamente a los ingredientes secos y remuévala para mezclarla. Añada el líquido caliente y mézclelo. Lea las instrucciones; algunas sólo necesitan un levado.

PREPARAR LA MASA A MANO

Todas las harinas tienen diferentes índices de absorción, por lo tanto hay que añadir más o menos líquido del que especifica la receta.

2 Ponga la masa sobre la superficie de trabajo enharinada y estírela con una mano a un lado y con la otra del lado opuesto.

3 Forme una bola y déle un cuarto de vuelta. Siga amasando durante 10 minutos hasta que la masa esté lisa y elástica. Haga una bola lisa con la masa.

1 Tamice la harina y la sal sobre la superficie de trabajo. Haga un agujero en el centro. Ponga la levadura preparada y el resto de agua; vaya formando la masa.

CLASES DE HARINA

El sabor y la textura del pan se puede variar utilizando harina elaborada con diferentes cereales y granos. La harina de trigo, de fuerza, blanca e integral, se utiliza para casi todos los tipos de pan porque tiene un alto contenido en gluten que produce barras ligeras de miga suave. Para elaborar panes de textura más densa se combina harina de trigo con harinas con menos gluten. Puede hacer pruebas y cambiar la harina de fuerza de la receta básica por uno de los siguientes tipos:

AVENA: se puede utilizar avena molida, copos de avena y harina de avena. Da una textura ligeramente granulosa y un sabor a avena.
BULGUR: se suele utilizar en barras con varios tipos de grano por su textura granular. Utilícela en pequeñas cantidades.
HARINA DE CEBADA: da un color grisáceo y sabor a «tierra».
HARINA DE CENTENO: se ha de mezclar con la de trigo porque no contiene gluten. Se suele mezclar con harina integral.
HARINA DE ESPELTA: este tipo de harina, que tiene un alto contenido de gluten, se puede utilizar por sí sola. Tiene un sabor ligeramente dulzón y es de color dorado.
HARINA DE MAÍZ: da una textura ligeramente granulosa y un tono amarillo, pero añade muy poco sabor.
HARINA DE SALVADO: el salvado de arroz y avena aporta un sabor a nueces. Para mejorar el sabor, tuéstela antes de utilizarla.
HARINA DE SOJA: esta clase de harina de textura fina no tiene gluten, pero se utiliza en la masa del pan para darle más sabor y por sus nutrientes.
HARINA DE TRIGO SARRACENO: da una textura densa y un sabor fuerte.

RECETA BÁSICA PARA PAN BLANCO

*15 g de levadura fresca desmenuzada
o 1 cucharada de levadura seca
450 ml de agua caliente
750 g de harina de fuerza blanca
2 cucharaditas de sal*

Prepare la levadura y la masa a mano o a máquina. Ponga la masa en un cuenco aceitado, tápela y déjela en un lugar cálido para que leve y doble su tamaño, de 1 a 2 horas. Aplaste la masa y amásela ligeramente, tápela y déjela reposar 5 minutos. Córtela por la mitad. Dé forma a cada trozo para que quepan en dos moldes de pan de 900 g (*véase* página 23), cúbralos con película de plástico y déjelos en un lugar caldeado 30-45 minutos, hasta que los moldes estén casi llenos. Si quiere, abrillante la superficie y póngale algunos ingredientes por encima; hornee a 220 °C durante 20 minutos. Reduzca la temperatura a 180 °C y hornee unos 15 minutos. Retire del horno y enfríe los panes desmoldados sobre una rejilla. Para 2 panes de 900 g.

PREPARAR LA MASA A MÁQUINA

Si utiliza un aparato eléctrico para mezclar y amasar verá facilitada la tarea de hacer pan y ahorrará tiempo, especialmente si prepara la masa para varias barras. Lo mejor es utilizar una mezcladora potente con varillas para amasar.

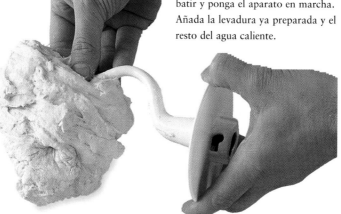

1 Tamice la harina y la sal. Ponga ¾ de harina en el cuenco de la amasadora. Acople las varillas para batir y ponga el aparato en marcha. Añada la levadura ya preparada y el resto del agua caliente.

2 Apague el aparato y cambie las varillas para batir por las de amasar. Añada el resto de la harina poco a poco, con el aparato en marcha hasta que se forme la masa.

3 Siga hasta que la masa se separe de las paredes del cuenco y forme una bola alrededor del gancho. Saque el gancho y la masa de la batidora. Quite la masa del gancho, intentando dejarlo bien limpio, y amase la masa sobre una superficie enharinada de 2 a 3 minutos. Haga una bola lisa con la masa.

LEVAR Y APLASTAR LA MASA

Después de amasarla, la masa se ha de dejar reposar en un lugar caldeado y sin corrientes de aire para que leve hasta que doble su tamaño. Ha subido lo suficiente cuando al apretarla con un dedo queda la marca. Una vez levada, amásela ligeramente otra vez y déjela reposar 5 minutos antes de darle forma (véase página 34).

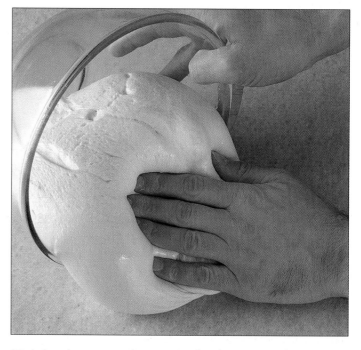

1 Para evitar que se forme una costra, pase la bola amasada por un cuenco ligeramente aceitado. Tápela con un lienzo húmedo para que se mantenga húmeda.

2 Deje reposar la masa en un lugar cálido hasta que doble su tamaño, de 1 a 2 horas. Si se deja en un lugar más frío tardará más.

3 Aplaste la masa con el puño, póngala sobre una superficie enharinada y amásela 2-3 minutos. Golpéela y amásela para distribuir el aire; así el pan subirá y tendrá una corteza suave.

Dar forma a la masa

Una vez que la masa haya reposado brevemente ya está lista para darle forma y hornearla. Puede escoger entre los panes de molde tradicionales, o las formas libres que se hornean sobre placas enharinadas. También puede preparar panecillos (véase página siguiente).

Moldearla para ponerla en un molde
Dé a la masa una forma ovalada. Lleve uno de los lados hacia el centro y después el otro. Ponga la parte de la juntura hacia abajo.

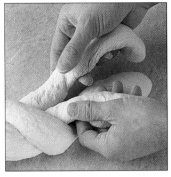

Trenza
Para conseguir una forma uniforme, trence desde el centro de las tiras hacia un extremo y después hacia el otro. Para que no se suelten, pince los extremos.

Pan redondo
Estire los bordes de una bola lisa para que se junten en el centro. Píncelos para sellarlos y dé la vuelta a la bola.

Acabados

El pan se puede hornear simplemente con un poco de harina espolvoreada por encima, pero normalmente se suele abrillantar o se cubre con algún ingrediente —esto se puede hacer antes o después de hornearlo. Otro acabado consiste en cortar la masa para que se abra durante la cocción. Si se utilizan varios acabados, el orden que hay que seguir es el siguiente: primero glasear, después decorar con el ingrediente y por último cortar.

Cortes en cruz
Con unas tijeras, haga dos cortes en forma de cruz sobre la superficie. Cada corte ha de tener 1 cm de profundidad.

Cortes en diagonal
Con un cuchillo y con suavidad para no deformar la masa, haga entallas de 5 mm de profundidad y con 4 cm de separación.

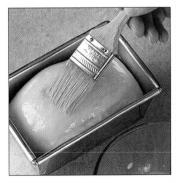

Glaseado
Pincele ligeramente la superficie con el glaseado elegido (*véase recuadro, izquierda*). Siempre es mejor dar dos capas finas.

Comprobar la cocción

El pan que no está totalmente cocido tiene un desagradable sabor a masa. Es difícil saber los tiempos de cocción: hay que comprobar la cocción de cada pan antes de que se enfríe.

Saque el pan del molde o la placa y sujételo con un lienzo doblado. Golpee la base con los nudillos; si el pan está totalmente cocido, ha de sonar a hueco. Si oye un sonido apagado, póngalo otra vez en el horno durante 5 minutos y vuelva a hacer la prueba. En esta fase ya no es necesario ponerlo en el molde. Enfríelo sobre una rejilla.

GLASEADOS

Los panes y los panecillos pueden ser mates o brillantes y tener la corteza gruesa o fina, según el tipo de glaseado y el momento en que se aplica. No dé pinceladas muy fuertes o la masa se deshinchará; evite también que caiga glaseado en el molde pues el pan se pegaría y subiría irregularmente.

- Para darle al pan un acabado dorado y brillante pincélelo antes de hornearlo con yema de huevo y agua. Vuélvalo a pincelar 10 minutos antes de acabar de hornearlo.
- Para conseguir un acabado dorado y una corteza suave, pincele la superficie del pan con leche antes de hornearlo.
- Pincele el pan horneado con mantequilla después de volcarlo en la rejilla, cúbralo con un lienzo y déjelo enfriar. De esta manera conseguirá una corteza suave.
- Pincele el pan con aceite de oliva antes y durante el horneado para que quede mate y con una corteza suave. Ideal para el pan de campo.

COBERTURAS

Los ingredientes delicados, como las semillas de amapola, se adhieren a la masa simplemente apretándolos un poco. Otros más pesados necesitan un glaseado para adherirse.

- Las semillas apropiadas para aromatizar el pan son las de hinojo, alcaravea, amapola, sésamo y girasol.
- Espolvoree los panes que tengan harina, avena o cebada con copos de lo mismo.
- Las pacanas, las nueces y las avellanas picadas aportan mucho sabor. Tenga cuidado porque se pueden quemar.
- Ralle queso Cheddar o Gruyère sobre la masa antes de hornearla.
- Para un pan de campo, espolvoree el pan levado con harina blanca o integral.

Los panecillos Parker House, abultados y con mucha mantequilla, se llaman así en honor de Harvey Parker, propietario a mediados del siglo XVIII de un epónimo hotel de Boston. Según la leyenda, el temperamental chef del hotel se irritó tanto con un cliente que perdió la concentración y puso en el horno unos panecillos sin acabar. Y el resultado fueron estos panecillos que desde entonces se convirtieron en un clásico americano. La receta de la masa y del glaseado de mantequilla varían según el cocinero, pero su forma típica de semicírculo siempre es la misma.

TRUCOS DE COCINERO

DIVIDIR LA MASA EN PARTES IGUALES

Los panaderos pesan cada trozo de masa para que todos los panecillos sean iguales y se horneen uniformemente.

Para dividir la masa en partes iguales sin pesarla, haga un rollo largo. Córtelo por la mitad y corte cada trozo otra vez por la mitad. Continúe así hasta que tenga el número de trozos deseado.

TRANSFORMAR LA MASA EN PANECILLOS

Es fácil transformar la masa de pan básica en bonitos panecillos. Se pueden hacer desde sencillos panecillos redondos hasta pequeñas trenzas más complicadas. Déles forma una vez que haya aplastado la masa y la haya dejado reposar (véase página 22). Utilice de 30 a 60 g de masa por panecillo. Póngalos bien separados en una placa de hornear enharinada para que tengan el espacio suficiente para doblar su tamaño.

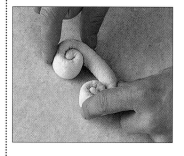

PALMERA
Enrolle un trozo de masa formando un cilindro del mismo grosor. Enrolle ambos extremos hacia el centro.

TORRE
Corte tres redondeles de masa, el segundo más pequeño que el primero y el tercero más que éste. Póngalos uno encima de otro.

CARACOL
Enrolle un trozo de masa formando un cilindro largo del mismo grosor. Empezando por un extremo, forme una espiral plana.

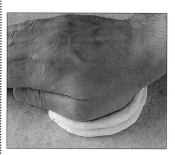

SEMICÍRCULO
Presione la masa formando un redondel de 6,25 cm. Haga un pliegue en el centro con el mango enharinado de una cuchara, doble la masa por encima y apriete bien para sellarla.

BARRITAS
Con trozos de masa de 7 cm, haga barritas ligeramente más gruesas en el centro que en los extremos. Hágales tres cortes en la superficie.

NUDO DE PANADERO
Forme un cilindro de 15 cm con la masa y anúdelo.

Bruschetta y crostini

Estas tostadas italianas constituyen excelentes entradas y deliciosos aperitivos. Prepare la bruschetta y el crostini, ligeramente más delgado, con rebanadas de baguette o con rebanadas de chapata partidas por la mitad. Sirva unos dos o tres por persona.

Langostinos tigre y tomates cereza

3 tomates cereza rojos cortados en rodajas

3 tomates cereza amarillos cortados en rodajas

Aceite de oliva

Sal y pimienta recién molida

6 langostinos tigre cocidos, pelados y sin el conducto intestinal

Hojas de cilantro fresco para decorar

Ponga las rodajas de tomate sobre la *bruschetta* o *crostini*, alíñelas con un poco de aceite de oliva, sal y pimienta al gusto. Ponga los langostinos encima con las hojas de cilantro.

Nueces, pera y queso de cabra

60 g de queso de cabra blando

1 manojo pequeño de roqueta

1 pera cortada en lonchas finas

Un poco de zumo de limón

Pimienta recién molida

Nueces partidas por la mitad

Unte la *bruschetta* o el *crostini* con un poco de queso de cabra. Cubra el queso con unas hojas de roqueta y las lonchas de pera. Rocíe con un poco de zumo de limón y media nuez.

Jamón e higos

6 lonchas de jamón serrano

2 higos maduros pero fuertes, cortados longitudinalmente en lonchas finas

Pimienta recién molida

Cebollinos frescos para decorar

Ponga una loncha de jamón ligeramente doblada sobre la *bruschetta* o el *crostini*. Cubra con unas cuantas lonchas de higo y sazónelas con pimienta. Decore con tallos largos de cebollino.

Hortalizas a la parrilla y piñones

1 pimiento rojo

1 pimiento amarillo

1 cebolla roja pequeña cuarteada

Aceite de oliva

Aceitunas negras deshuesadas

30 g de piñones

PARA DECORAR

Hojas de albahaca fresca

Copos de parmesano (véase recuadro, izquierda)

Ase los pimientos y la cebolla. Corte los pimientos en tiras finas y tire membranas y semillas. Coloque sobre la *bruschetta* o el *crostini* y abra los trozos de cebolla para que queden como un abanico. Aliñe con un poco de aceite de oliva y esparza por encima aceitunas, piñones, albahaca y copos de parmesano.

Preparar lazos de parmesano

Los copos finos y curvados de queso parmesano constituyen bonitos toques para bruschettas y crostinis, ensaladas, pasta y risottos. Para obtener los mejores resultados, utilícelo a temperatura ambiente. El parmesano muy seco no sirve para hacer copos. También se puede utilizar pecorino romano o manchego curado.

Con un cuchillo pequeño y afilado, corte una cuña triangular en uno de los lados largos de un trozo del queso parmesano.

Con un mondador, corte copos de queso en la hendidura del triángulo. Corte un triángulo más grande, si los quiere más grandes.

LEGUMBRES

Judías, guisantes y lentejas, las semillas de las plantas con vainas, se conocen como legumbres. Ricas en minerales, vitaminas y fibra y, sin embargo, bajas en grasa, son imprescindibles en la cocina. A continuación veremos cómo se preparan y se guisan.

TIEMPOS DE COCCIÓN

Todos los tiempos son aproximados y corresponden a legumbres remojadas.

- GARBANZOS
  1½–2 horas

- HABAS
  1–1½ horas

- JUDÍAS ADUKI
  30–45 minutos

- JUDÍAS ARRIÑONADAS
  1–1½ horas

- JUDÍAS BLANCAS
  1¼ horas

- JUDÍAS DE CARETA
  1 hora

- JUDÍAS DE SOJA
  1½–2 horas

- JUDÍAS HARICOT
  1½ horas

- JUDÍAS MANTEQUERAS
  1 hora

- JUDÍAS MUNGO
  45 minutos

- JUDÍAS NEGRAS
  1–1½ horas

- JUDÍAS PINTAS
  1 hora

REMOJAR Y COCER

Las judías, los garbanzos y los guisantes se han de remojar para que se ablanden antes de cocinarlos; las lentejas no. El método rápido es una alternativa al que aquí presentamos: hiérvalas en abundante agua durante 2 minutos, tápelas y déjelas remojar 2 horas. Hay que sazonar las legumbres después de guisarlas.

1 Ponga las judías en un cuenco grande. Cúbralas con agua fría. Remójelas de 8 a 12 horas.

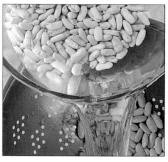

2 Escúrralas en un colador; enjuáguelas bien con agua fría del grifo.

3 Hierva las judías en agua sin sal durante 10 minutos. Baje el fuego y cuézalas (*véase* izquierda).

FRIJOLES REFRITOS

Estas judías se fríen dos veces, de ahí su nombre. Sofría cebolla picada en aceite, añada judías pintas cocidas y un poco de su agua de cocción, y fríalo todo junto, aplastando las judías para que formen una pasta. Póngalas en la nevera toda la noche y vuélvalas a freír hasta que estén crujientes.

PRIMERA FASE
Añada las judías cocidas a la cebolla y el aceite y aplástelas.

SEGUNDA FASE
Remueva la pasta de judías a fuego vivo hasta que esté crujiente.

Círculo exterior, de izquierda a derecha: judías de soja, judías de careta, judías negras, judías mantequeras, judías arriñonadas, guisantes amarillos, judías mungo
Círculo interior:
judías aduki,
garbanzos,
judías blancas,
judías haricot

PRIMERO LA SEGURIDAD

Muchas legumbres contienen toxinas dañinas, por lo tanto es importante hervirlas vigorosamente durante 10 minutos al iniciar la cocción: de esta manera se destruyen sus toxinas.

PREPARAR PASTELITOS

Las legumbres son perfectas para hacer pastelitos, se reducen fácilmente a puré, armonizan con condimentos como el ajo, la cebolla, las hierbas y las especias y mantienen su forma. Los falafel (véase recuadro, derecha) de Israel son tradicionales, pero puede hacerlos con otras legumbres. Aquí hemos mezclado garbanzos y habas secas.

1 Remoje y cueza las legumbres escogidas, escúrralas y reserve el líquido de cocción. Póngalas en un robot con un poco del líquido de cocción y redúzcalas a puré. Póngalas en un cuenco y mézclelas bien con los condimentos.

2 Con las manos mojadas (de esta manera la pasta no se pega), haga bolas del mismo tamaño, aplánelas para obtener óvalos de 2,5 cm de grosor.

FALAFEL

200 g de garbanzos remojados, cocinados y reducidos a puré
5 dientes de ajo, finamente picados
1 cebolla finamente picada
4 cucharadas de cilantro fresco picado
1 cucharada de harina
1 cucharada de comino molido
1 cucharada de malagueta
sal, pimienta y cayena
aceite vegetal para freír

Mezcle los ingredientes y déles forma de bolas. Fríalas en aceite caliente hasta que estén doradas por ambos lados, 3-4 minutos. Escúrralas. Para 4 personas.

PURÉS DE LEGUMBRES

Las legumbres reducidas a puré con aceite de oliva y ajo constituyen unos mojos y guarniciones cremosas excelentes. Aquí se han utilizado garbanzos para preparar el hummus de Oriente Próximo; otras posibilidades son las judías blancas, negras, arriñonadas o lentejas. Si desea un sabor picante, añada unos chiles secos machacados.

1 Reduzca a puré unos garbanzos cocidos en un robot con un poco de su líquido de cocción, sal y ajo aplastado al gusto.

2 Añada aceite de oliva a través del tubo, zumo de limón al gusto y 1-2 cucharadas de agua caliente.

PREPARAR DHAL

Aunque resulta confuso, dhal es el nombre de este especiado plato indio y de la legumbre, de la que existen cientos de variedades diferentes. En este plato se han utilizado lentejas amarillas channa dhal, pero se pueden sustituir. Para darle un toque especial, ponga por encima el típico tadka: ajo en rodajas y cayena fritos en mantequilla clarificada.

1 Fría cebollas y ajo en mantequilla clarificada con *garam masala* y chile en polvo. Añada las lentejas y fríalas.

2 Cubra las lentejas con caldo o agua y cuézalas hasta que estén tiernas. Remuévalas a menudo y, si es necesario, añada más líquido.

Hilera superior, de izquierda a derecha: lentejas de Puy, verdes, marrones
Hilera inferior: lentejas rojas, amarillas

TIEMPOS DE COCCIÓN

Todos los tiempos son aproximados. No es necesario remojar las lentejas antes de cocerlas.

• LENTEJAS MARRONES/AMARILLAS/ VERDES (PUY) 30–45 minutos

• LENTEJAS ROJAS 20 minutos

COCER EL ARROZ

Desde los aromáticos *pilafs* hasta los *risottos*, el arroz es la base de un sinnúmero de platos. Como no todos los granos se cuecen de igual forma, es esencial escoger el arroz adecuado —y la técnica culinaria— para el plato que se quiere elaborar.

TIPOS DE ARROZ

AMERICANO DE GRANO LARGO: adecuado para todo tipo de platos; es mejor cocerlo con el método del agua caliente. El arroz blanco se cuece en 15 minutos, el integral en 30-35.

ARBORIO: arroz italiano de grano corto; tiene una textura cremosa y sabor a nuez. Se cuece con el método del *risotto* (*véase* página 30), 15-20 minutos.

ARROZ SILVESTRE: no es un verdadero arroz, sino una gramínea acuática con sabor a nuez: se cuece por el método del agua caliente, 30-40 minutos.

BASMATI: aromático, para *pilafs* y platos indios; hay que remojarlo (*véase* paso 1, página siguiente) antes de cocerlo por el método de la absorción, 15 minutos.

BUDÍN: arroz de grano corto muy blando al cocerlo; el blanco se cuece en 15-20 minutos, el marrón en 30-40. También se puede hornear, tarda 1-1½ horas.

DE FÁCIL COCCIÓN: procesado para que los granos queden separados; siga las instrucciones, 10-12 minutos.

JAPONÉS: arroz blanco de grano corto, gordo, brillante y pegajoso; *véase* página siguiente para el método de cocción.

TAILANDÉS: huele a jazmín y se cuece por el método del agua caliente, 15 minutos.

MÉTODO DEL AGUA CALIENTE

El arroz blanco o el integral americano de grano largo se pueden cocer en una gran cantidad de agua hirviendo sin necesidad de calcularla. Después de cocerlo, escúrralo y enjuáguelo. Enjuagarlo sirve para quitarle el almidón y para que los granos queden separados y secos. El arroz se puede enfriar y después recalentar sin que se pegue.

1 Ponga a hervir el agua en una cacerola. Añada la sal y después el arroz. Déjelo cocer a fuego lento, sin taparlo hasta que esté tierno (*véase* recuadro, izquierda).

2 Ponga el arroz en un colador o en un tamiz; enjuáguelo con agua hirviendo. Sofríalo en mantequilla o aceite para recalentarlo.

MÉTODO DE LA ABSORCIÓN

Este método, el mejor para cocer el arroz basmati y el tailandés, consiste en cocer el arroz en una cantidad concreta de agua que se absorbe totalmente cuando está cocido. Ponga 2½ partes de agua por 1 de arroz y cuézalo a fuego lento, con el recipiente bien tapado para que el arroz se cueza en su propio vapor.

1 Ponga el agua, el arroz y la sal en una cacerola; lleve a ebullición. Remueva, baje el fuego y tape.

2 Cueza lentamente el arroz 15 minutos, déjelo reposar otros 15. Separe los granos con un tenedor.

Hilera superior, de izquierda a derecha: arroz silvestre, basmati integral, basmati blanco, tailandés (jazmín). **Hilera inferior, de izquierda a derecha:** arroz americano de grano largo y de fácil cocción, arborio (o *risotto*), japonés, pudín

PREPARAR UN *PILAF*

Los pilafs son muy populares en Oriente Medio y la India; los cocineros de ambas zonas los preparan más o menos de la misma manera. Si es el plato principal, agregue al final carne, ave o pescado troceado y cocido y verduras. Sazone con los condimentos de su elección.

1 Cubra el arroz con agua fría, déjelo reposar durante 1 hora y cambie el agua varias veces hasta que esté clara. Enjuáguelo bien.

2 Sofría cebolla picada en una sartén. Añada el arroz y remuévalo a fuego moderado hasta que los granos empiecen a saltar.

3 Vierta caldo caliente (doble volumen que el del arroz), remueva, sale, baje el fuego y tape. Deje cocer 15 minutos.

ARROZ JAPONÉS AROMATIZADO CON VINAGRE

Los japoneses tienen un arroz blanco especial pegajoso y de grano corto. Se sirve al final de todas las comidas y también se utiliza para preparar el arroz aromatizado con vinagre para el sushi. Para cocer el arroz japonés pegajoso, enjuáguelo bien hasta que el agua salga limpia, remójelo 30 minutos y cuente 600 ml de agua por 400 g de arroz. Lleve a ebullición, tape y déjelo cocer a fuego lento 15 minutos y reposar otros 15. Para este arroz aromatizado, déjelo enfriar a temperarura ambiente.

1 Hierva 4 cucharadas de vinagre de arroz y 4 de azúcar con una pizca de sal, sin dejar de remover hasta que el azúcar se haya derretido. Déjelo enfriar.

2 Ponga el arroz japonés cocido y frío (*véase* izquierda) en un cuenco de madera y vierta sobre éste el vinagre con el azúcar.

3 Mezcle el arroz y la mezcla de vinagre con una espátula para el arroz (*véase* recuadro, derecha) o con una cuchara de madera. Enfríe un poco el arroz dándole aire mientras lo levanta con la espátula. El arroz aromatizado con vinagre se debe servir inmediatamente, de lo contrario hay que taparlo con un lienzo húmedo para que conserve la humedad y servirlo dentro de unas horas.

EL ARROZ EN EL MENÚ

El arroz, alimento básico de la dieta de muchos países, se venera desde antaño por sus cualidades nutritivas —la palabra china que define arroz cocido es fan, que significa comida. Vegetarianos de todo el mundo saben que el arroz mezclado con legumbres tiene tantas proteínas como la carne.

ARROZ FRITO CHINO: arroz chino con cerdo, pescado y marisco, hortalizas y huevo.

ARROZ SUCIO: sólido *pilaf* Cajun elaborado con arroz ligeramente salteado con higadillos de pollo, cebolla, ajo y pimiento verde.

BIRYANI: es el arroz preferido en la India y consiste en arroz basmati con especias aromáticas, hierbas y carne o verduras.

KEDGEREE: plato clásico británico preparado con arroz de grano largo aromatizado con curry, abadejo ahumado y huevos duros.

PAELLA: plato español lleno de color que consiste en arroz aromatizado con azafrán, pollo, marisco y diferentes hortalizas.

RISI BISI: plato italiano campesino hecho con arroz arborio, jamón, guisantes y queso parmesano.

ESPÁTULA PARA EL ARROZ

En Japón, este pequeño utensilio plano de madera y bambú se utiliza para remover el arroz cocido pegajoso, una técnica que lo hace más esponjoso y mejora su aspecto.

La espátula también se utiliza para servir el arroz a los invitados. Es costumbre que a cada persona se le sirvan dos espátulas llenas de arroz de un recipiente de madera, al margen de la cantidad que se haya preparado.

Cuando esponje el arroz, haga un movimiento lateral de corte.

Risotto *con pescado y marisco*

En esta receta, al risotto *se le ha dado un acabado con cigalas, vieiras, calamares y gambas en una salsa cremosa. Para obtener una consistencia muy cremosa, utilice arroz para* risotto *de grano corto.*

PARA 4 PERSONAS

12 cigalas crudas sin pelar

Caldo corto

200 g de calamares preparados cortados en anillos

8 vieiras sin concha

250 ml de crema de leche para batir

125 g de gambas peladas cocidas

Copos de parmesano (véase página 25), para decorar

PARA EL CALDO DE PESCADO

1 cucharada de aceite de oliva

20 g de mantequilla

30 g de mirepoix de cebolla, zanahoria y apio

50 ml de coñac

1 cucharada de puré de tomate

1 tomate maduro picado

1 diente de ajo machacado

1,5 l de caldo de pescado

1 ramillete de hierbas aromáticas

Sal y pimienta recién molida

PARA EL RISOTTO

2 cucharadas de aceite de oliva

½ cebolla finamente picada

200 g de arroz para risotto

50 ml de vino blanco seco

50 ml de crème fraîche

2 cucharadas de queso parmesano rallado

Escalfe las cigalas en el caldo corto, 7-8 minutos; déjelas enfriar en el caldo, sáquelas, pélelas y quíteles la cabeza. Machaque un poco las cabezas y la piel.

Prepare el caldo de pescado: caliente el aceite y la mantequilla en una cacerola a fuego vivo y saltee las cabezas y las pieles machacadas junto con la *mirepoix*. Desglase con un poco de caldo de las cigalas y el coñac. Añada el puré de tomate, remueva 1-2 minutos, luego agregue tomate picado y el ajo machacado y deje cocer unos minutos. Incorpore el caldo de pescado y el ramillete de hierbas y lleve a ebullición. Baje el fuego y cueza lentamente hasta que el líquido se haya reducido a unos 1,25 litros. Cuele el caldo y sazónelo ligeramente.

Vierta 900 ml de caldo en la cacerola y déjelo cocer suavemente a fuego lento. Reserve el resto del caldo en otro recipiente.

Prepare el *risotto*: caliente el aceite en una cacerola grande de fondo grueso y sofría la cebolla hasta que esté blanda. Añada el arroz y remuévalo 1-2 minutos para que los granos se cubran de aceite; luego empiece a verter caldo hirviendo, unos 150 ml cada vez (*véase* recuadro, inferior). Cuando ya haya incorporado todo el caldo, añada el vino. El tiempo total de cocción es de 20 a 25 minutos.

Mientras el *risotto* se está cociendo, lleve a ebullición el caldo reservado y baje el fuego. Añada los calamares y las vieiras y escálfelos suavemente de 3 a 5 minutos; sáquelos con una espumadera.

Reduzca el caldo a la mitad aproximadamente y añada la crema para batir. Ponga las cigalas, los calamares, las vieiras y las gambas y caliéntelo todo. Compruebe la condimentación.

Añada la *crème frâiche* y el queso parmesano al *risotto* y compruebe si está bien sazonado. Ponga el *risotto* en el centro de platos hondos precalentados y déle un poco de forma o póngalo en flaneras engrasadas y luego vuélquelos. Rodee el arroz con el pescado y la salsa, decórelo con los copos de parmesano y sírvalo inmediatamente.

Preparar el risotto

Para que el risotto salga bien, hay que añadir el caldo gradualmente de manera que el arroz, aunque siempre jugoso, no esté inmerso en el líquido.

Los cocineros italianos se quedan al lado de la cacerola durante todo el tiempo de cocción, primero remueven constantemente y después, a medida que el arroz se va cociendo, con menos frecuencia. Se remueve para que adquiera una textura cremosa y quede cocido.

Vierta los primeros 150 ml de caldo y regule el fuego para que el arroz cueza suavemente. Espere a que el caldo casi haya sido absorbido en su totalidad antes de añadir otros 150 ml.

Cuando está al punto, los granos han de estar sueltos y enteros, pero tiernos (*al dente*). El almidón que suelta el arroz confiere su consistencia cremosa.

COCER OTROS CEREALES

Los cereales se encuentran en una gran variedad de formas y se pueden preparar de un sinfín de maneras. Es esencial elegir la técnica de cocción adecuada, porque los diferentes procedimientos de cocción afectan tanto al sabor como a la textura.

LA POPULAR POLENTA

Este grano amarillo como el sol y que ahora sirven en los restaurantes de moda de todo el mundo hace mucho tiempo que forma parte de la dieta básica del norte de Italia, donde se suele servir como acompañamiento de guisos y carnes salseadas, especialmente aves de caza.

Los cocineros italianos tradicionales utilizan para preparar la polenta una cacerola especial de cobre llamada *paiolo*. Este recipiente tiene unas paredes muy altas que evitan que la polenta salte cuando se está cociendo. Su base pesada ayuda a repartir el calor uniformemente, evitando que la polenta se pegue y queme en la base.

POLENTA

La polenta, también denominada harina de maíz, se puede servir jugosa enriquecida con mantequilla y queso parmesano como guarnición, o firme, en porciones crujientes fritas o a la parrilla. Generalmente, los trozos de polenta se suelen servir con hortalizas también cocidas a la parrilla o con salsa de tomate por encima.

1 Hierva 1,8 l de agua con sal. Reduzca el fuego al mínimo y déjela agitar suavemente. Añada poco a poco 300 g de polenta sin dejar de remover.

2 Cuézala, sin dejar de remover, hasta que se separe de las paredes del recipiente, unos 20 minutos. Ya la puede servir con mantequilla y queso parmesano.

3 Para freírla a la parrilla, no ponga ni mantequilla ni queso y extienda una capa de polenta de 2 cm de grosor sobre una superficie. Déjela que se enfríe.

4 Corte los bordes irregulares y forme un rectángulo. Corte éste longitudinalmente por la mitad y haga triángulos, como aquí, con un cuchillo de cocinero.

5 Separe los triángulos. Pincélelos con aceite de oliva. Fríalos o cuézalos a la parrilla, déles la vuelta y pincélelos con más aceite y cuézalos hasta que estén dorados, unos 6 minutos.

CUSCÚS

La mayoría del cuscús está precocinado y sólo hay que humedecerlo y cocerlo al vapor siguiendo las instrucciones del paquete. Con el método que mostramos a continuación, el cuscús queda más jugoso. Sírvalo como acompañamiento mezclado con frutos secos picados, frutas secas o hierbas frescas.

1 Ponga 250 g de cuscús en una cacerola con un poco de mantequilla. Añada 500 ml de agua caliente; remuévalo con un tenedor hasta que esté bien mezclado.

2 Cueza el cuscús a fuego medio-alto de 5 a 10 minutos. Baje el fuego e incorpore removiendo 50 g de mantequilla.

3 Remuévalo con un tenedor para que se esponje y se separen los granos y cúbralo con mantequilla derretida.

CUSCUSERA

En el norte de África, el grano de cuscús da nombre a un plato especiado de carne y hortalizas guisadas en un recipiente bulboso especial. Este recipiente se llama cuscusera y tiene dos partes. El guiso se cuece en la parte inferior y el grano se cuece al vapor en la parte superior perforada, absorbiendo de esa manera el aroma del guiso que tiene debajo. El guiso y el grano se sirven juntos.

BULGUR

El bulgur son granos de trigo cocidos hasta que se fragmentan y que después se secan. El grano es extremadamente sencillo de preparar, pero hay que tener cuidado en escurrir bien el agua después de remojarlo. El bulgur se utiliza a menudo en los pilafs de Oriente Medio, en el tabbouleh y el kibbeh, pero todos estos platos resultan insípidos si el grano está acuoso.

1 Ponga el *bulgur* en un recipiente. Cúbralo con agua fría. Déjelo reposar 15 minutos.

2 Páselo a través de un tamiz de malla fina colocado sobre un cuenco. Apriete puñados de *bulgur* para escurrir el agua y póngalo en una fuente.

DIFERENTES GRANOS Y SUS USOS

AVENA: los copos de avena son la base del *muesli* y de las gachas.

CEBADA: grano con sabor a nueces que se utiliza principalmente para espesar sopas y guisos.

CENTENO: el centeno, que se encuentra en grano, copos y harina, se utiliza para hacer pan y whisky.

MAÍZ MOLIDO: el maíz molido, que en el sur de Estados Unidos se sirve en sémola, está hecho con maíz amarillo o blanco cuyos granos se bañan en un producto alcalino fuerte para extraer sus envoltorios protectores. Antes de usarlo debe remojarse toda una noche.

MIJO: los copos y los granos de mijo, cereal muy apreciado por su sabor a nueces y su textura crujiente, se utilizan en guisos, rellenos y curry.

QUINOA: este cereal sabe a hierba. Se utiliza en sopas, ensaladas y panes y como sustituto del arroz.

SALVADO: el salvado es la semilla del trigo sin procesar. Se utiliza en *pilafs* en lugar del arroz, en rellenos y para hacer pan.

TRIGO SARRACENO: este fruto utilizado como grano es muy popular en la cocina de Europa oriental y central. Se utiliza como ingrediente de rellenos, como cereal caliente para el desayuno o como guarnición; la harina de este tipo de trigo se utiliza para preparar *blinis* y *crêpes* bretonas.

PALOMITAS DE MAÍZ

No hay nada como las palomitas de maíz recién hechas con un poco de sal, como aquí, o con azúcar o especias o simplemente sin nada. No hay que poner mucha cantidad de maíz, simplemente la suficiente para cubrir la base de la sartén. Cuando se abre, el maíz se hincha y se obtiene mucha más cantidad de lo que uno imagina. Mida el volumen de maíz que vaya a utilizar y ponga la mitad de aceite.

1 Caliente el aceite en una cacerola grande a fuego moderado hasta que esté muy caliente, pero que no humee. Añada el maíz y tápelo con la tapadera.

2 Mueva el recipiente sobre el fuego hasta que el maíz deje de abrirse y póngalo en una fuente. Sale las palomitas.

FRUTOS SECOS

Los frutos secos, las semillas o frutos con una semilla comestible situados dentro de una cáscara dura aportan sabor, color y una textura crujiente a una gran variedad de platos dulces y salados. A continuación se describen las técnicas para abrir, pelar y preparar una serie de frutos secos.

DESCASCARILLAR PISTACHOS

Compre pistachos con la cáscara abierta. Si está cerrada, el pistacho no ha madurado y cuesta mucho pelarlo.

Acabe de abrir las cáscaras con los dedos. Cuando están bien abiertas, el pistacho sale solo. Una vez sin cáscara, ya están listos para blanquearlos y pelarlos (*véase* derecha).

Hilera superior, de izquierda a derecha: cacahuetes, pistachos, nueces, piñones
Hilera inferior: avellanas, pacanas, almendras, nueces del Brasil

BLANQUEAR Y PELAR

La piel de la almendra y la del pistacho es amarga y, si se deja, estropea el delicado sabor de estos frutos secos. Aquí, las almendras se han blanqueado para que resulte más fácil pelarlas; la técnica es la misma para los pistachos (véase izquierda). Es más fácil pelar las almendras después de blanquearlas cuando todavía están calientes; no las deje sin pelar una vez escurridas.

1 Cubra las almendras con agua hirviendo. Déjelas en remojo de 10 a 15 minutos. Escúrralas y déjelas enfriar.

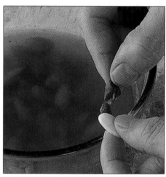

2 Presione la piel ablandada con el dedo pulgar y el índice y quítela.

TOSTAR Y PELAR

Es preferible tostar las avellanas y las nueces del Brasil que blanquearlas antes de pelarlas. En este ejemplo, se han tostado unas avellanas en el horno, pero también se pueden freír. Póngalas en una sartén antiadherente de fondo grueso y remuévalas a fuego lento hasta que estén ligera y uniformemente tostadas, de 2 a 4 minutos.

1 Extienda las avellanas sobre la placa del horno y tuéstelas a 175 °C 10 minutos; mueva la bandeja de vez en cuando.

2 Envuelva las avellanas tostadas con un lienzo para que desprendan vapor unos minutos; luego restriéguelas para pelarlas.

FRUTOS SECOS TROCEADOS Y PICADOS

La mayoría de frutos secos se venden ya picados, a tiras o en láminas. Los frutos secos que se cortan antes de consumirlos saben mejor y son más jugosos que los que ya están preparados.

A TIRAS
Ponga el fruto seco con la parte plana hacia abajo sobre una tabla y córtelo longitudinalmente en tiras.

EN LÁMINAS
Ponga el fruto seco con el canto hacia abajo sobre una tabla. Sujete un lado y córtelo en láminas largas y finas.

PICADOS
Ponga tiras de frutos secos sobre una tabla. Sujete un cuchillo y levante la hoja hacia delante y hacia atrás.

PELAR CASTAÑAS

Este fruto seco dulce y almidonado tiene una cáscara dura y quebradiza y una piel muy fina que se han de quitar tanto si se comen crudas como asadas. Empleará bastante tiempo para pelarlas, porque la piel se pega a la castaña y es difícil quitarla. Existen tres técnicas diferentes para pelarlas:

CORTAR
Sujete la castaña con los dedos y corte la cáscara y la piel con un cuchillo afilado.

TOSTAR
Agujeree la cáscara con la punta de un cuchillo. Póngalas bajo el grill hasta que la cáscara se abra. Déjelas enfriar y pélelas.

BLANQUEAR
Sumerja las castañas en agua y lleve a ebullición. Escúrralas y pélelas mientras la piel está todavía caliente.

PREPARAR UNA MANTEQUILLA DE FRUTOS SECOS

Las mantequillas de frutos secos frías constituyen sabrosos acompañamientos y son fáciles y rápidas de preparar con un robot. La mantequilla de almendras acompaña muy bien al pescado y la de avellana o de pistacho a las aves y la carne. Si se les añaden azúcar o especias son deliciosas con frutas calientes.

Muela los frutos secos tostados en el robot con la cuchilla de metal. Añada el doble de mantequilla y mézclelo todo con el pulsador. Saque la mantequilla y forme con ella un cilindro envuelto en papel sulfurizado y póngala en la nevera. Córtela en rodajas cuando la necesite.

OTRAS MANERAS DE MANIPULAR LOS FRUTOS SECOS

PICAR EN UN ROBOT: los frutos secos quedan mejor picados a mano porque de esta manera se puede controlar el grado de grosor requerido, pero si quiere hacerlo con más rapidez píquelos en un robot con la cuchilla de metal. No los pique en exceso o soltarán aceite y se convertirán en una pasta.

MOLER: en algunas recetas, por ejemplo en la de la pasta de almendras, se necesita que los frutos secos molidos tengan una textura muy fina. En ese caso puede utilizar una picadora eléctrica o un molinillo de café.

TOSTAR: extienda los frutos secos sobre la placa del horno y tuéstelos a 15 cm del grill de 3 a 5 minutos; mueva la bandeja frecuentemente. También se pueden tostar en el horno a 180 °C de 7 a 10 minutos.

GUARDAR LOS FRUTOS SECOS

Los frutos secos, aunque son una buena fuente de fibra, tienen un alto contenido en grasa que hace que se enrancien si están expuestos al calor, a la luz y a la humedad. Guarde los frutos secos, especialmente los descascarillados pues se deterioran más fácilmente, en un lugar seco, fresco y oscuro. Los frutos secos descascarillados se pueden guardar en la nevera hasta 6 meses, o en el congelador 1 año.

COCO

El coco, de aspecto exótico y sabor tropical, es un ingrediente básico en la cocina oriental, caribeña y latinoamericana. Tiene tres capas: una cáscara dura y peluda; una cáscara blanda y cremosa, y un líquido lechoso en el centro. Elija cocos que sean pesados y que estén llenos de líquido.

EMPLEAR EL COCO Y LA LECHE DE COCO

- Utilice el líquido del centro del coco como bebida o caldo ligero.
- Sirva trozos de coco con frutas frescas en una *fondue* de chocolate caliente.
- Ponga tiras de coco tostado sobre platos de curry, pasteles y postres.
- Utilice la leche de coco para enriquecer curry tailandés e indio.
- Cuando prepare crema inglesa para un helado casero, utilice leche de coco en lugar de leche de vaca.
- Emplee leche de coco para aromatizar la crema y el arroz.

OTROS TIPOS DE LECHE DE COCO

- En lugar de coco rallado puede utilizar coco seco y seguir la misma técnica.
- Los bloques de coco cremoso van igual de bien. Corte la preparación con un cuchillo de cocinero y disuélvala en agua hirviendo. Este tipo de coco no necesita colarse antes de utilizarse.
- La leche de coco en polvo es muy práctica. Prepare una pasta con agua hirviendo o espolvoree el polvo directamente sobre las salsas.
- La leche de coco enlatada tiene una capa gruesa de «crema» que se puede quitar y utilizar por separado.

PREPARAR UN COCO ENTERO

Antes de preparar la carne del coco hay que abrir la cáscara dura con un martillo. La técnica que aquí mostramos es la más sencilla. Después de quitar la piel marrón que rodea la pulpa, corte la carne en tiras o rállela, según la receta.

1 Con una broqueta metálica, agujeree las indentaciones u ojos en la parte de la cáscara donde estaba el tallo. Saque el líquido por los agujeros.

2 Abra el coco golpeando con un martillo alrededor de toda su superficie. Siga dándole vueltas hasta que se parta por la mitad.

3 Separe la pulpa de la cáscara pasando un pequeño cuchillo entre las dos. Pele la piel oscura exterior con un mondador.

PREPARAR LECHE DE COCO

Lo que se encuentra en el centro del coco no es la «leche» de coco que se utiliza en la cocina. Esta leche se prepara remojando la pulpa en agua y después exprimiéndola para extraer la «leche» con sabor a coco. Se puede remojar y exprimir otra vez si lo desea pero cada vez se obtiene una leche más clara.

1 Ralle la pulpa del coco con un rallador grueso o en un robot con la cuchilla metálica.

2 Ponga el coco rallado en un cuenco y cúbralo con agua hirviendo. Remuévalo bien y déjelo remojar 30 minutos o hasta que haya absorbido el agua.

3 Ponga un tamiz cubierto con una gasa sobre un cuenco y escurra la leche. Enrolle la gasa y estruje con fuerza el coco para extraer toda la leche posible.

ALIÑOS

Los aliños, condimentos vitales para realzar el sabor de las ensaladas y de muchos otros platos, contienen aceite invariablemente, por lo tanto, utilice sólo los de buena calidad. La vinagreta se suele utilizar para aliñar ensaladas verdes y mixtas (pasta, legumbres, pescado y marisco, por ejemplo); los aliños cocidos aportan un sabor más profundo y una capa aterciopelada a hortalizas y pescados, aves y carnes.

PREPARAR LA VINAGRETA

Este clásico aliño suele llevar tradicionalmente tres partes de aceite por una de vinagre. Para obtener diferentes sabores (véase recuadro, izquierda). Es importante que todos los ingredientes estén a temperatura ambiente para que se mezclen bien. Bata la vinagreta como aquí, póngala en un frasco tapado y agítelo para que se mezcle.

1 Ponga 2 cucharadas de vinagre en un cuenco con 2 cucharadas de mostaza de Dijon, sal y pimienta recién molida. Bata la salsa para mezclarla y espesarla.

2 Añada poco a poco 6 cucharadas de aceite sin dejar de batir hasta que el aliño esté homogéneo, espeso y bien mezclado. Rectifique la condimentación.

TRUCOS DE COCINERO

ACEITES Y VINAGRES QUE SE COMPLEMENTAN
Cuando se utilizan aceite y vinagre juntos, se han de complementar. La rica textura del aceite de oliva extra virgen queda muy bien con el ácido vinagre balsámico. Los aceites de frutos secos combinan bien con los vinagres de frutas, mientras que el aceite de chile o los de hierbas quedan muy bien con el sabor fuerte del vinagre de vino.

PREPARAR UN ALIÑO COCIDO

Este simple aliño cremoso, muy popular en Estados Unidos, ideado por los Shaker para aliñar las ensaladas de col y otras de hortalizas crudas, está preparado con yemas de huevo, crema agria y harina para espesarlo. Aunque el calor es esencial para la elaboración de esta salsa, para que no se corte el calor ha de ser muy suave, por lo tanto, hay que cocerlo al baño María.

1 Bata 2 yemas de huevo, 125 ml de vinagre de sidra y 30 g de mantequilla derretida en un cuenco refractario. Bata todo hasta que esté bien mezclado y añada 2 cucharadas de crema agria sin dejar de batir.

2 Ponga el cuenco sobre un cazo con agua hirviendo. Añada 1 cucharada de mostaza en polvo, 1 de harina, 70 g de azúcar refinado, y 1/2 cucharadita de sal. Bata hasta que el aliño esté homogéneo, bien mezclado.

SALSAS BASADAS EN UN *ROUX*

Para espesar salsas se utiliza harina y mantequilla o aceite. El líquido que se añade es leche para una salsa blanca, leche condimentada para una bechamel y caldo para una *velouté*. Esta pasta en francés se denomina *roux* o rubio y hace referencia al color.

TIPOS DE *ROUX*

Los roux se cuecen durante más o menos tiempo, dependiendo del color requerido.

ROUX BLANCO: se utiliza para hacer salsas blancas y bechamel y se cuece de 1 a 2 minutos, lo suficiente para que desaparezca el sabor a harina, pero no cambie el color.

ROUX DORADO: es la base de la salsa *velouté* a la que se añade un caldo blanco de pollo, ternera o pescado. Se cuece de 2 a 3 minutos y tiene un color dorado.

ROUX MARRÓN: con su sabor fuerte y delicioso es la base de la típica salsa francesa denominada española. La harina se cuece a fuego lento hasta que se vuelve marrón, unos 5 minutos. El *roux* que se utiliza en el *gumbo*, una especialidad de Nueva Orleans, se cuece durante 15 minutos como mínimo, o hasta que tiene un color marrón oscuro.

QUÉ QUIERE DECIR...

La bechamel debe su nombre a Louis de Béchameil, mayordomo de Luis XIV. No es muy probable que el aristócrata crease la receta él mismo, sino más bien que la inventase uno de los cocineros del rey y se la dedicase a Béchameil.

La salsa original combinaba gran cantidad de crema de leche con una *velouté* espesa; la versión actual se prepara añadiendo leche a la harina y la mantequilla.

PREPARAR UNA SALSA BLANCA

Para preparar una salsa líquida calcule 15 g de mantequilla y 15 g de harina para 300 ml de leche; si quiere que sea más espesa, 22 g de cada. Cueza la harina lo suficiente para romper los granos de almidón para que no sepa a crudo. Para que no se formen grumos y tenga un color uniforme, remuévala constantemente.

1 Añada la harina a la mantequilla derretida. Remueva con una cuchara de madera a fuego lento hasta obtener un *roux* blanco, 1-2 minutos.

2 Retire el recipiente del fuego. Añada gradualmente la leche caliente sin dejar de batir para que se mezcle bien con el *roux*.

3 Lleve a ebullición sin dejar de remover. Baje el fuego y deje que la salsa cueza hasta tener la consistencia deseada.

CONDIMENTAR LA LECHE

La clásica bechamel no es más que una salsa blanca preparada con leche aromatizada con condimentos. Los aromatizantes de la verdadera bechamel son cebolla, clavo, hojas de laurel, nuez moscada rallada, sal y pimienta. Sin embargo, existen muchas variaciones de la salsa básica.

1 Caliente la leche con los aromatizantes y remuévala de vez en cuando. Retírela del fuego. Tápela con un plato y déjela enfriar 10 minutos.

2 Pase la leche por un tamiz. Tire los aromatizantes. Añada leche caliente condimentada al *roux* como en el paso 2, superior.

TRUCOS DE COCINERO

EVITAR QUE SE FORME UNA PELÍCULA
Cubra la salsa con una película de plástico o papel engrasado, o haga lo siguiente:

Restriegue la superficie de la salsa caliente con un trozo de mantequilla para que se forme una capa. Antes de recalentarla remueva la salsa.

PREPARAR UNA SALSA *VELOUTÉ*

La velouté *o* salsa aterciopelada, *es una de las salsas blancas básicas y es la base de numerosos platos. Después de hacer un* roux *dorado y añadir un caldo bien sabroso, la salsa se espuma para conseguir la deseada consistencia aterciopelada. Utilice 50 g de mantequilla y de harina para 1 l de caldo.*

1 Añada la harina a la mantequilla derretida. Remuévala con una cuchara de madera a fuego lento hasta que esté dorada, 2-3 minutos.

2 Retire del fuego y deje enfriar. Sin parar de remover, vierta poco a poco caldo caliente de pollo, de ternera o pescado.

3 Lleve a ebullición sin dejar de remover, baje el fuego y cueza la salsa de 10 a 15 minutos, espumándola a menudo.

AROMATIZAR UNA SALSA *VELOUTÉ*

Hay muchas recetas clásicas francesas cuya base es una velouté *(véase recuadro, derecha). Algunas son muy complicadas y es mejor dejarlas para los cocineros profesionales. Las salsas que aquí explicamos son versiones simplificadas rápidas y fáciles de hacer en casa.*

UN TOQUE DE TOMATE
Añada 2 o 3 cucharadas de tomate concentrado al *roux* y al final tomate troceado.

***MEUNIÈRE* DE MENTIRIJILLAS**
Añada 3 cucharadas de zumo de limón y 2 de perejil picado a la salsa antes de servirla.

CÍTRICOS SOLEADOS
Añada 200 ml de zumo de naranja recién exprimido una vez haya añadido el caldo al *roux*.

TOMATE

LIMÓN Y PEREJIL

NARANJA

SALSAS OSCURAS

Estas salsas se suelen servir con asados de carne o de aves de caza y su base es un buen caldo casero de buey o ternera, esencial para conseguir un color profundo y un exquisito sabor. Para mejorar la receta básica se pueden poner distintos aromatizantes, como hortalizas picadas, salsa Worcestershire, vino, mostaza y tomate concentrado.

SUSTANCIAS ESPESANTES

Para espesar una salsa oscura en lugar de arruruz puede utilizar:

- Maicena.
- Yema de huevo mezclada con crema de leche.
- *Foie gras* finamente picado.
- Mantequilla y harina amasadas.
- Fécula de patata.

QUÉ QUIERE DECIR...

ESPAGNOLE O ESPAÑOLA: esta salsa clásica surge de las cocinas francesas del siglo XVIII. Se trata de una salsa compleja que tradicionalmente llevaba jamón de Bayona y perdiz y que necesitaba varios días para cocerse. Hoy en día, un buen caldo de carne basta para darle a la *espagnole* su delicioso y fuerte sabor. Hay que espumarla o colarla para conseguir su característico brillo.

DEMI-GLACE O MEDIA GLASA: hay diferentes opiniones sobre cómo debe hacerse, lo concentrada que ha de estar o si es una salsa o una base para otras salsas. Algunos cocineros profesionales utilizan caldo oscuro con Madeira, otros caldos de carne blanca y vino. El resultado es una salsa espesa y marrón cuya base es una salsa española, pero que es lo bastante espesa para cubrir el dorso de una cuchara. Para intensificar el sabor de una media glasa, muchas veces se le añade un poco de glasa de carne.

PREPARAR UNA SALSA OSCURA BÁSICA

Como hay pocos caldos que tengan el cuerpo suficiente, suele ser necesario reducirlos hasta que queden concentrados, sabrosos y oscuros. Después, en lugar de añadirle harina, espéselo con arruruz, como aquí, o con otro espesante (véase recuadro, izquierda). Cualquiera que sea el espesante escogido, lo ha de añadir poco a poco y sin dejar de batir. Las cantidades que damos son para unos 750 ml de salsa oscura.

1 Hierva un litro de caldo de buey o ternera de 15 a 20 minutos o hasta que se haya reducido y empiece a estar concentrado.

2 Haga una pasta con 2 ½ cucharadas de arruruz y 120 ml de agua. Viértala en el caldo hirviendo sin dejar de batir con una batidora de varillas.

3 Hierva la salsa hasta que se espese, retírela del fuego y espume la salsa con una espumadera para eliminar las impurezas.

AROMATIZAR UNA SALSA OSCURA

Una vez que la salsa se haya espesado y espumado (véase paso 3, superior), se pueden añadir aromatizantes líquidos como el vino de Madeira de la fotografía, otro vino o salsa Worcestershire. También se pueden añadir ingredientes sólidos como cebolla picada, hierbas y un hueso con médula. Para preparar el hueso antes de añadirlo a la salsa, escálfelo en agua unos 2 minutos y escúrralo. Al cocerse en la salsa, la médula se deshará.

EMPLEAR LÍQUIDOS
Añada 75 ml de aromatizantes líquidos a 750 ml de salsa. Remueva para que se mezclen bien y cueza 2 minutos.

EMPLEAR UN HUESO DE MÉDULA ESCALFADO
Saque la médula ósea del hueso escalfado. Añádala a la salsa y cuézala durante 5 minutos.

PREPARAR UNA SALSA ESPAÑOLA

La salsa clásica de Carême implica varios procedimientos laboriosos. Esta versión contemporánea extremadamente sencilla sólo tiene tres ingredientes: una salsa oscura básica, champiñones y tomate concentrado. Si espuma la salsa, le quedará brillante.

1 Caliente 750 ml de salsa oscura (*véase* página anterior) a fuego moderado hasta que empiece a agitarse y añada 150 g de champiñones finamente picados. Remuévalo todo para que se mezcle bien.

2 Añada 1 cucharada de tomate concentrado y no deje de remover hasta que se haya mezclado bien con la salsa; después siga cociéndola a fuego lento.

3 Cueza la salsa 15 minutos y espúmela a menudo. Tamícela antes de utilizarla.

QUÉ QUIERE DECIR...

La salsa española constituye la base de las siguientes salsas que se utilizan a menudo en la cocina clásica francesa.

SALSA BRETONA: cebolla, mantequilla, vino blanco seco, salsa de tomate o tomate concentrado, ajo, perejil.

SALSA CAZADORA: escalonias, mantequilla, champiñones, vino blanco seco, salsa de tomate, perejil.

SALSA CHARCUTERA: vino blanco seco, escalonias, pepinillos, mostaza de Dijon.

SALSA DIABLO: vino blanco seco, vinagre de vino blanco, escalonias, tomate concentrado y cayena.

SALSA PERIGORDINA: jugo de trufas, trufas troceadas, Madeira, mantequilla.

SALSA PIMENTADA: *mirepoix* de cebolla, zanahoria y apio, vino blanco seco, vinagre, pimienta en grano machacada, mantequilla.

SALSA ROBERT: cebolla, mantequilla, vino blanco seco, vinagre de vino blanco, mostaza de Dijon.

TRUCOS DE COCINERO

MANTENER CALIENTE UNA SALSA OSCURA

Si la salsa oscura no se va a servir inmediatamente, evite que se forme una película sobre su superficie.

Llene con agua caliente una fuente de hornear hasta la mitad. Ponga el recipiente en la fuente y remueva la salsa de vez en cuando para que quede homogénea.

PREPARAR UN *CHAUDFROID*

Esta clásica técnica francesa debe su nombre al hecho de que las preparaciones frías se cubren con una salsa cocida y enfriada. Utilice una bechamel (véase página 38) para los huevos y el pescado, o un caldo oscuro de carne reducido y áspic líquido para el pato, las aves de caza y las carnes rojas. Cuando se cuaja, la salsa chaudfroid se puede decorar.

AÑADIR EL ÁSPIC

Cueza 500 ml de caldo reducido, añada 250 ml de áspic líquido aromatizado sin dejar de batirlo. Déjelo hasta que esté frío, pero no cuajado.

CUBRIR

Vierta el *chaudfroid* sobre lonchas de pechuga de pato. Póngalas en la nevera hasta que la salsa cuaje y repita la operación 3 o 4 veces.

SALSAS DE MANTEQUILLA

La base de estas salsas ligeras, como la holandesa y la bearnesa, es una mezcla de yemas de huevo y mantequilla. La excepción la constituye la salsa de mantequilla blanca que utiliza crema de leche. Sirva estas salsas recién hechas y calientes.

QUÉ QUIERE DECIR...

La salsa holandesa, famosa por acompañar los espárragos frescos y cubrir los huevos Benedict, una especialidad neoyorquina para el desayuno, no proviene de Holanda, sino de Francia, donde a veces se denomina *sauce Isigny*, nombre del lugar donde se elabora la mejor mantequilla francesa.

El origen de la salsa bearnesa es un poco dudoso. En la década de los treinta del siglo XIX, Collinet comentó que la salsa se servía en el Pavillon Henry IV, un restaurante de Saint-Germain-en-Laye, cerca de Béarn, lugar de nacimiento de Enrique IV. Sin embargo, una receta similar aparece en *La Cuisine des Villes et des Campagnes*, publicado en 1818.

ADICIONES A LA HOLANDESA

Si añade diferentes ingredientes a la salsa holandesa clásica, obtendrá muchas otras salsas clásicas.

- Para preparar la salsa muselina, incorpórele 4 cucharadas de *crème fraîche* o crema de leche espesa ligeramente batida.
- Para la salsa de mostaza, añádale 1 cucharada de mostaza de Dijon sin dejar de remover.
- Para la salsa maltesa, añádale la corteza rallada de $^1/_2$ naranja blanqueada y cortada en juliana y un poco de zumo.
- En lugar de utilizar mantequilla clarificada, úsela sin sal derretida hasta que adquiera un tono marrón; esta salsa se denomina salsa avellana.

PREPARAR UNA HOLANDESA

El truco estriba en batir las yemas de huevo con agua hasta que al levantar la batidora dejen caer una cinta. Después de hacer esto, es muy fácil añadir mantequilla clarificada sin dejar de batir para conseguir una emulsión espesa. No es necesario un recipiente especial pero lo que sí es esencial es una cacerola de base gruesa.

A MANO

1 Bata 3 yemas de huevo con 3 cucharadas de agua caliente a fuego muy lento, hasta que al levantar la batidora se forme una cinta.

2 Añada 175 g de mantequilla clarificada y templada en pequeñas cantidades y bata con fuerza, después de cada adición.

3 Añada lentamente batiendo el zumo de medio limón. Sazónela con sal y pimienta blanca al gusto. Con estas cantidades se obtienen unos 250 ml de salsa.

A MÁQUINA

Ponga las yemas de huevo y el agua en el recipiente seco y precalentado del robot. Incorpore poco a poco en forma de hilo la mantequilla clarificada templada. Por último, añada el zumo de limón y los condimentos.

TRUCOS DE COCINERO

FIJAR LA SALSA HOLANDESA Y LA BEARNESA

Estas salsas de mantequilla se cortan si el recipiente está demasiado caliente, la mantequilla se incorpora con demasiada rapidez o la salsa terminada se deja reposar. Explicamos dos remedios:

Añada un cubito de hielo al recipiente situado fuera del fuego, bátalo con fuerza y mézclelo con la salsa a medida que se derrite.

Bata 1 yema de huevo y 1 cucharada de agua caliente en un cuenco al baño María; incorpore batiendo poco a poco la salsa holandesa cortada.

PREPARAR UNA BEARNESA

La salsa holandesa tiene un sabor suave y delicado; la bearnesa fuerte y pungente; sin embargo, ambas comparten una textura aterciopelada. El sabor pungente de la salsa bearnesa proviene de la reducción de condimentos fuertes como granos de pimienta negra, escalonias, estragón y vinagre de vino tinto más un toque final de cayena.

1 Hierva los granos de pimienta, la escalonia, el estragón y el vinagre hasta que se reduzca.

2 Incorpore batiendo las yemas de huevo, y deje cocer a fuego muy lento hasta que al levantar la batidora de varillas deje un surco.

3 Añada poco a poco la mantequilla clarificada, batiéndola vigorosamente tras cada adición.

MANTEQUILLA BLANCA

La consistente salsa beurre blanc está hecha con la misma reducción que la bearnesa, pero en lugar de yemas de huevo para estabilizar la salsa, se añade crème fraîche y se monta con mantequilla (véase recuadro, derecha). Cuando esté espesa y cremosa, pruébela y sazónela. Esta salsa siempre se ha de preparar justo antes de servirla.

1 Hierva los ingredientes como en el paso 1 anterior, añada 175 ml de crème fraîche y redúzcala a un tercio.

2 Retire del fuego e incorpore batiendo 85 g de mantequilla fría sin sal, de trocito en trocito. Con estas cantidades se obtienen 250 ml de salsa.

MANTEQUILLA CLARIFICADA

También conocida como ghee en la cocina india, es mantequilla sin sal a la que se le han quitado los sólidos lácteos. El resultado es muy puro y tiene muchos usos.

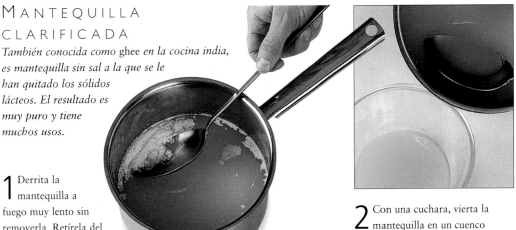

1 Derrita la mantequilla a fuego muy lento sin removerla. Retírela del fuego y quite la espuma de la superficie.

2 Con una cuchara, vierta la mantequilla en un cuenco cuidando de no coger los sedimentos lácteos del fondo del cazo.

SALSA BEARNESA

4 granos de pimienta negra machacados

1 escalonia grande finamente picada

2 cucharadas de estragón fresco

3 cucharadas de vinagre de vino tinto

3 yemas de huevo

175 g de mantequilla sin sal clarificada

sal y cayena

Hierva los granos de pimienta, la escalonia, el estragón y el vinagre hasta que se reduzcan a un tercio. Retire del fuego y añada 3 yemas de huevo. Ponga el cazo a fuego muy lento y bata la salsa durante 3 minutos, añada poco a poco la mantequilla sin dejar de batir. Sazónela con sal y cayena al gusto. Para 250 ml.

MONTAR UNA SALSA CON MANTEQUILLA

Esta técnica profesional se utiliza para dar a las salsas un brillo homogéneo y un sabor fresco a mantequilla.

Para «montar» una salsa, utilice cubitos de mantequilla fría sin sal añadiéndolos a ésta fuera del fuego; la salsa caliente es suficiente para derretir la mantequilla. Antes de añadir el cubo siguiente, bata cada cubito en la salsa hasta que esté bien emulsionado.

MANTEQUILLA CLARIFICADA

Como se han eliminado los sólidos lácteos, la mantequilla clarificada no sólo se conserva más tiempo sin ponerse rancia, sino que además se puede calentar a temperaturas más altas que la mantequilla normal sin que se queme. Por lo tanto, es perfecta para saltear y freír. En las salsas es indispensable para darles un sabor delicado así como un gran brillo.

PREPARAR MAYONESA

La suave y cremosa mayonesa —una simple mezcla de yemas de huevo, vinagre, condimentos y aceite— se puede preparar tanto a mano o con una batidora o robot eléctrico. Una vez que domine la técnica, podrá hacerla una y otra vez. El secreto está en que todos los ingredientes y los aparatos estén a temperatura ambiente y en no querer ir muy deprisa.

MAYONESA

1 yema de huevo grande
1 cucharada de mostaza de Dijon
sal y pimienta recién molida
150 ml de aceite de oliva
150 ml de aceite vegetal
2 cucharaditas de vinagre blanco.

Todos los ingredientes han de estar a temperatura ambiente. Bata la yema de huevo, la mostaza y los condimentos en un cuenco. Añada el aceite, primero gota a gota y después en un chorrito fino continuado, hasta que la mezcla se espese y se emulsione. Añada el vinagre, al gusto, sin dejar de batir. Reserve la salsa tapada en la nevera de 3 a 4 días. Para unos 375 ml.

A MANO

Mezclarla a mano permite «sentir» la mayonesa a medida que se va incorporando el aceite y la salsa empieza a espesarse. Vierta el aceite muy poco a poco, al principio gota a gota, hasta que empiece a emulsionarse y después en un chorrito fino y constante. Si lo añade demasiado rápidamente la mayonesa se corta. La mostaza y el vinagre ayudan a estabilizar y emulsionar la mayonesa.

1 Ponga un cuenco grande sobre un lienzo para que no se mueva. Bata las yemas de huevo y los condimentos hasta que estén bien mezclados.

2 Sin dejar de batir, incorpore el aceite de oliva, de gota en gota, hasta que la mezcla se espese.

3 Añada el vinagre poco a poco, batiendo a fondo tras cada adición para que se mezcle totalmente y emulsione. Rectifique la condimentación.

A MÁQUINA

La mayonesa se puede preparar fácil y rápidamente en un robot eléctrico. Aunque existe menos riesgo de que se corte si se hace así —la velocidad ayuda a emulsionar el huevo y el aceite— es mejor utilizar un huevo entero en lugar de la yema sola, porque la clara se necesita como estabilizante. La combinación de la clara de huevo y la velocidad proporcionan una mayonesa más ligera y fresca que la hecha a mano.

1 Bata 1 cucharada de mostaza de Dijon y 1 huevo entero en el recipiente hasta que se mezclen.

2 Con el aparato funcionando. añada 250 ml de aceite de oliva en un chorrito continuado.

AJOACEITE

CHANTILLY

3 Cuando la mezcla empiece a espesarse, añada 2 cucharaditas de vinagre y sal y pimienta al gusto. Bátala hasta mezclar los ingredientes.

4 Con el aparato en marcha, añada 250 ml de aceite vegetal aumentando el flujo a medida que la mayonesa adquiere un tono más pálido. Compruebe la condimentación. Para unos 650 ml.

ANDALUZA

DE HIERBAS

MAYONESA AROMATIZADA

AJOACEITE: sustituya la mostaza por 4 dientes de ajo machacado y añada $\frac{1}{2}$ cucharadita de sal gruesa. Sírvalo con pescado frío, huevos u hortalizas crudas.

ANDALUZA: añada 2 dientes de ajo machacados y 2 cucharadas de pimiento rojo y verde finamente picados. Sírvala con pescado a la parrilla o sobre hamburguesas.

CHANTILLY: añada 4 cucharadas de crema montada. Sírvala con hortalizas frías o pescado escalfado.

MAYONESA DE HIERBAS: añada hierbas frescas picadas, por ejemplo, perejil, estragón o cebollino. Sírvala con aves y carnes a la barbacoa.

TRUCOS DE COCINERO

FIJAR LA MAYONESA

Si los ingredientes, el recipiente o el aparato están demasiado fríos, o si el aceite se añade con demasiada rapidez, la mayonesa se puede cortar. No la tire, se puede arreglar con uno de los dos métodos que explicamos a continuación.

A MANO

Mezcle 1 cucharada de agua fría o de vinagre de vino con un poco de mayonesa y vaya añadiendo poco a poco más mayonesa.

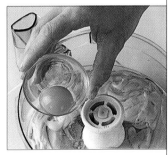

A MÁQUINA

Añada 1 yema de huevo a la mayonesa cortada, ponga el robot en funcionamiento hasta que la mayonesa se vuelva a emulsionar.

TABLAS DE MEDIDAS

Las medidas exactas son cruciales para elaborar un plato con éxito. Las siguientes tablas son una referencia rápida y fácil para conocer las temperaturas del horno y convertir las unidades de los ingredientes y los utensilios.

TEMPERATURAS DEL HORNO

CELSIUS	FAHRENHEIT	GAS	DESCRIPCIÓN
110 ºC	225 ºF	¼	Frío
120 ºC	250 ºF	½	Frío
140 ºC	275 ºF	1	Muy bajo
150 ºC	300 ºF	2	Muy bajo
160 ºC	325 ºF	3	Bajo
170 ºC	335 ºF	3	Moderado
180 ºC	350 ºF	4	Moderado
190 ºC	375 ºF	5	Moderadamente caliente
200 ºC	400 ºF	6	Caliente
220 ºC	425 ºF	7	Caliente
230 ºC	450 ºF	8	Muy caliente

TAZAS AMERICANAS

TAZAS	MÉTRICO
¼ taza	60 ml
⅓ taza	70 ml
½ taza	125 ml
⅔ taza	150 ml
¾ taza	175 ml
1 taza	250 ml
1½ tazas	375 ml
2 tazas	500 ml
3 tazas	750 ml
4 tazas	1 litro
6 tazas	1,5 litros

CUCHARADAS

MÉTRICAS	IMPERIALES
1,25 ml	¼ cucharadita
2,5 ml	½ cucharadita
5 ml	1 cucharadita
10 ml	2 cucharaditas
15 ml	3 cucharaditas
30 ml	2 cucharadas
45 ml	3 cucharadas
60 ml	4 cucharadas
75 ml	5 cucharadas
90 ml	6 cucharadas

VOLUMEN

MÉTRICO	IMPERIAL	MÉTRICO	IMPERIAL	MÉTRICO	IMPERIAL
25 ml	1 onza	300 ml	10 onzas/½ pinta	1 litro	1¾ pintas
50 ml	2 onzas	350 ml	12 onzas	1,2 litros	2 pintas
75 ml	2½ onzas	400 ml	14 onzas	1,3 litros	2¼ pintas
100 ml	3½ onzas	425 ml	15 onzas/¾ pinta	1,4 litros	2½ pintas
125 ml	4 onzas	450 ml	16 onzas	1,5 litros	2¾ pintas
150 ml	5 onzas/¼ pinta	500 ml	18 onzas	1,7 litros	3 pintas
175 ml	6 onzas	568 ml	20 onzas	2 litros	3½ pintas
200 ml	7 onzas/⅓ pinta	600 ml	1 pinta	2,5 litros	4½ pintas
225 ml	8 onzas	700 ml	1¼ pintas	2,8 litros	5 pintas
250 ml	9 onzas	850 ml	1½ pintas	3 litros	5¼ pintas

PESO

MÉTRICO	IMPERIAL	MÉTRICO	IMPERIAL
5 g	⅛ onza	325 g	11½ onzas
10 g	¼ onza	350 g	12 onzas
15 g	½ onza	375 g	13 onzas
20 g	¾ onza	400 g	14 onzas
25 g	1 onza	425 g	15 onzas
35 g	1¼ onzas	450 g	1 libra
40 g	1½ onzas	500 g	1 libra 2 onzas
50 g	1¾ onzas	550 g	1 libra 4 onzas
55 g	2 onzas	600 g	1 libra 5 onzas
60 g	2¼ onzas	650 g	1 libra 7 onzas
70 g	2½ onzas	700 g	1 libra 9 onzas
75 g	2¾ onzas	750 g	1 libra 10 onzas
85 g	3 onzas	800 g	1 libra 12 onzas
90 g	3¼ onzas	850 g	1 libra 14 onzas
100 g	3½ onzas	900 g	2 libras
115 g	4 onzas	950 g	2 libras 2 onzas
125 g	4½ onzas	1 kg	2 libras 4 onzas
140 g	5 onzas	1,25 kg	2 libras 12 onzas
150 g	5½ onzas	1,3 kg	3 libras
175 g	6 onzas	1,5 kg	3 libras 5 onzas
200 g	7 onzas	1,6 kg	3 libras 8 onzas
225 g	8 onzas	1,8 kg	4 libras
250 g	9 onzas	2 kg	4 libras 8 onzas
275 g	9¾ onzas	2,25 kg	5 libras
280 g	10 onzas	2,5 kg	5 libras 8 onzas
300 g	10½ onzas	2,7 kg	6 libras
315 g	11 onzas	3 kg	6 libras 8 onzas

MEDIDAS DE LONGITUD

MÉTRICO	IMPERIAL	MÉTRICO	IMPERIAL
2 mm	1⁄16 pulgada	17 cm	6½ pulgadas
3 mm	⅛ pulgada	18 cm	7 pulgadas
5 mm	¼ pulgada	19 cm	7½ pulgadas
8 mm	⅜ pulgada	20 cm	8 pulgadas
10 mm/1 cm	½ pulgada	22 cm	8½ pulgadas
1,5 cm	⅝ pulgada	23 cm	9 pulgadas
2 cm	¾ pulgada	24 cm	9½ pulgadas
2,5 cm	1 pulgada	25 cm	10 pulgadas
3 cm	1¼ pulgadas	26 cm	10½ pulgadas
4 cm	1½ pulgadas	27 cm	10¾ pulgadas
4,5 cm	1¾ pulgadas	28 cm	11 pulgadas
5 cm	2 pulgadas	29 cm	11½ pulgadas
5,5 cm	2¼ pulgadas	30 cm	12 pulgadas
6 cm	2½ pulgadas	31 cm	12½ pulgadas
7 cm	2¾ pulgadas	33 cm	13 pulgadas
7,5 cm	3 pulgadas	34 cm	13½ pulgadas
8 cm	3¼ pulgadas	35 cm	14 pulgadas
9 cm	3½ pulgadas	37 cm	14½ pulgadas
9,5 cm	3¾ pulgadas	38 cm	15 pulgadas
10 cm	4 pulgadas	39 cm	15½ pulgadas
11 cm	4¼ pulgadas	40 cm	16 pulgadas
12 cm	4½ pulgadas	42 cm	16½ pulgadas
12,5 cm	4¾ pulgadas	43 cm	17 pulgadas
13 cm	5 pulgadas	44 cm	17½ pulgadas
14 cm	5½ pulgadas	46 cm	18 pulgadas
15 cm	6 pulgadas	48 cm	19 pulgadas
16 cm	6¼ pulgadas	50 cm	20 pulgadas

ÍNDICE